明
室
Lucida

照亮阅读的人

「本をつくる」という仕事

做书这件事

[日]
稻泉连
著

廖婧 译

北京联合出版公司

目 录

001 序 言

第一章 字体：书的声音

007 标题大声，正文静语
009 日文字体的两大潮流之一
012 对匠人世界的向往
015 被遗忘的字体
018 让字体在现代复苏
021 "平成大改刻"的发端
023 为制作有魅力的字体
027 朝着百年之后

第二章　装订：在德国学习装订技术

033　屈指可数的装订大师

035　火花四溅的风景

037　成为独立的工匠

042　机械化浪潮改变的风景

045　读大学，还是去西德？

046　国度不同，但同样是做书

049　技术一旦掌握，就会相伴一生

050　为自己装订书籍的文化

第三章　印刷：六叠大的活版印刷店

060　这里有文字的形状

064　活版印刷人的经历

066　初中生，雕活字

070　接触电子照相排版

074　一期一会的器具

076　不看稿检字

079　活版印刷的工匠们

081　靠手艺吃饭

084 如今用活版印刷的意义

第四章 校阅：用校样说话

091 第三者的锐利目光

095 不与人交往的孤独的劳动

099 通过校样与作者对话

103 入职对文学满怀热忱的出版社

107 重视校阅的社风

110 以文学立身

113 阅读手稿，窥见作者思考的足迹

第五章 用纸：所有的书都是纸

121 作为工业制品的书

124 东北出产的书籍用纸

125 工厂的气息

129 书籍用纸的革命

132 制作商业纸的难度

134 流入抄纸机中的中性纸

138 中川工厂的回忆

140 没有色差的匠人技术

142 何谓"好纸"

144 技术之力超越过去

第六章 装帧：宿于细节

149 妙趣横生的"漱石本"

154 该有的东西都在它该在的地方

155 立志成为画家的少年时代

159 第一次给书做设计

161 书是客人，装帧设计师是助兴师

163 设计在哪儿都能做

169 想要放在手边的书

173 承袭平野老师的记忆

175 时代的产物

177 对美的书的向往

第七章 版权代理：海内外图书的桥梁

182 想用其他语言出版

184 海外与日本的不同

186 编辑与版权代理的会议
189 战后塔特尔的起步
191 汤姆·森的存在感
195 对作品的绝对嗅觉
198 新的桥梁

第八章 童书：孩子的书，大人来写

206 坚持创作面向孩子的故事
207 遇见"自己的书"
210 "读书"与"听书"
211 不因一己之便改变主人公的人物性格
213 下一页会有什么
217 从幻想到阅读
219 和《魔女宅急便》一样的心情
222 写故事，就是魔法

225 后 记

序 言

平常我被称作"非虚构撰稿人"或"非虚构作家"。

我的工作是拜访某人进行采访,或是在发生社会性事件时,去现场收集资料撰写稿件。有的采访对象是出版社编辑选的,有的则是我自己酝酿多年的,基本上做的工作并无不同。然而,我时常觉得,其中为"做书"耗费的时间尤为特别。

采访、写稿。针对内容与编辑反复沟通、打磨稿件。

写完的"原稿"变成校样(经排版后印刷好的纸样,字体、版式与成书时完全相同)后,等待我的是用红笔做更为细致的修改工作。终于结束所有修订、交付稿件,过一阵子拿到印刷好的新书时,心中不禁生出一股成就感,不枉耗费了漫长的时间。

然而,在图书的"实物"制作过程中,作者深度参与的只是很少一部分。拿到"初校""二校"的校样后，作者的工作便已基本完成。剩下的就是耐心等待临近上架出版社寄来样书了。

一本书，不仅有作者、编辑的劳动，还有其他各色"做书人"的付出，这是理所当然的。但在此之前，我全然不知自己写的东西在成书前有哪些人做了何种工作、倾注了何种感情。

开始对此心存不安是在撰写此书的五年前。

那时，我走访了东日本大地震受灾的书店。有的书店老板店铺被海啸卷走，却仍循着幸存下来的通讯录继续配送图书；也有人在书店尽毁的地方开起新店。受核泄漏事故影响，多数居民逃离了这里，可即便如此也有书店重新营业。曾有一位书店员眼里噙着泪水，向我讲述书被海水泡得胀开，根本无法从书架里抽出时的惋惜与不甘。

关于受灾区书店如何实现复兴，拙作《重生的书店》（2012年）收录了相关采访，于此不再赘述。

不过，即便处境艰难，地震后的第二天就听到了希望书店重新开张的声音。书店员们也仿佛受此鼓舞，想方设法将图书送至读者手中。与他们的相遇让我印象深刻，难以忘怀。

从那之后，我对"书"的看法发生了改变。我想更多地去了解"做书人"的事。

漫长的"做书"过程，夸张点说，就像源头之水涓涓流淌，汇聚成川，最后奔腾入海。众多的读者便是大海。书店则是在一件作品离开"制作者"之手后，将其递交到读者手中的场所，是连接川与海的一片半咸水域。在这里我听到了许多与"书"相关之人的故事，我想溯流而上，一探究竟。

比如，有一本刚好能装进包里、携带方便、厚度适中的精装书。我试着想象，这本作为"实物"的书，来到我手之前，有多少人为其付出了辛劳。

封面、内文版式需要设计师来设计，设计师选定的字体也是由人来制作的，还必须有装订公司把原本散落的纸页做成一册具有固定形态的商品。要有造纸厂的技术人员，制作出微微泛红的书籍内文用纸。要有校阅人员修正原稿错误。如果是外版书，还要有版权代理从海外把作品引介到本土。

这些人的工作，对于一本书以及打造书的世界而言不可或缺，却日常隐于幕后而不为人知。他们每天都与"书"打交道，而我也是其中一员。正因如此，我想记录下"做书"这件事以及"做书人"的深情。

围绕"做书",不同的"做书现场"会展露怎样别致的风景?

那里有对正在消逝的世界的向往,有做书人对自身工作的骄傲。聆听他们的讲述后,我们对一本"书"的看法,又将发生怎样的改变?

此书是怀抱这份愿景,兴之所至,聆听做书人的故事后留下的微不足道的记录。

第一章

字体

书的声音

标题大声，正文静语

字体是什么？

任职于大日本印刷株式社会（后文简称"大日本印刷"）"秀英体开发室"的伊藤正树先生，时不时尝试组织语言来回答这一问题。可结果往往是"嗯……"一声之后便陷入沉默。

我问起他时，也是如此。

"嗯……"沉思片刻之后，伊藤先生说道，"从事这份工作后，我每天都在思考这个问题，但这个问题很难，轻易找不到答案。"他脸上浮现出无可奈何的表情。

他真是一个坦诚的人，不说冠冕堂皇的套话，亦避忌鹦鹉学舌。他只想用自己的语言来说明字体的意义。

面对这个问题，必须用自己的话作答——这份真诚，即便他缄口不言，也能让人感知。这也是他在大日本印刷做了十六年"字体"工作的骄傲。

伊藤先生再度沉默，好像在自身内部寻求答案。

"比如说……"只听他说，"人们常把字体比作声音。我们表达思想、传递信息最常用的手段，一是声音，二是文字。字体之于文字，好比声音之于新闻主播，举足轻重。字体就是声音，有的清亮活泼，有的沉郁威严。"

原来如此，我们每天都在与文字的声音打交道。这一说法，令人拍案叫绝。

比如夏目漱石的小说，开头是"**我是猫，还没有名字**"，还是"*我是猫，还没有名字*"，给读者的印象自会有所不同。

从此意义上说，一部作品给读者的印象，并非仅由作者或编辑而定。

装帧、用纸、排版……只有当书的各个要素和谐统一，一本书方才成为独立的"作品"。其中，文字的形态担任着至关重要的角色。这是理所当然却也常被人忽略的重要事实。

而且，不仅是书。漫步街道时，搭乘电车、公交时，广告上的大量信息如洪水猛兽般涌入眼帘。那些广告也全都使用了服务于内容的字体。有叫喊声，有细语声，有威慑声。

标题提高音量，正文则静静诉说……

所以伊藤先生说："文学书、实用书、教科书、街头广告、宣传单，甚至日本《宪法》上，都印着某个人创造的字体。字的好坏影响着作品。因此，绝不能敷衍了事。在日本人的日常所见或阅读中，字体发挥着重要的作用。可以说我是怀抱这样的信念，继续这份工作的。"他说着微微一笑。

日文字体的两大潮流之一

伊藤先生的工作就是制作名为"秀英体"的字体。不过，虽说是"制作"，但与从零开始造字稍有不同。因为，秀英体作为大日本印刷的原创字体，最早是在明治时期公司创立之初，由工匠亲手雕刻而成。像他这样改良已有字体，叫作"改刻"。

伊藤先生所属的"秀英体开发室"于2005年启动了名为"平成大改刻"的字体重制工程。重新审视秀英体的品质,让它在现代社会也能方便使用而做出有针对性的改良,再面向大众销售。

"平成大改刻"历经七年之久,其负责人就是伊藤先生。

然而,所谓"字体品质"究竟是什么呢?在说明这个问题之前,有必要回顾一下秀英体的历史。

大日本印刷的业务范围相当广泛,从商业印刷到液晶显示器、从IC卡制造到IT服务。这是一家享有盛名的大企业,旗下还有大型书店。集团总销售额已达1.5万亿日元。秀英体开发室位于五反田一栋二十五层的大楼内。

1876年创立之初,公司名为"秀英舍"。"秀英体"即"秀英舍的字体",是明朝体、方黑体、圆黑体等系列字体的总称。它是拥有一百四十余年社史的大日本印刷的原点。

当时,日本近代印刷字体里有"东京筑地活版制造所"开发的"筑地体"。秀英舍于创社五年后的1881年引进活字铸造设备,又在三十一年后的1912年完成了从初号到八号的字体开发。它是沿袭"筑地体"流的所谓直系字体。现在,字体设计研究者将二者并称为"日文字体的两大潮流"。

普通人也能一眼辨别的秀英体的特征之一是，正文中平假名的"い""た""な"等的笔画线条相连。作为代表性的明朝体之一，秀英体被广泛应用于书籍和杂志中，如果注意观察的话应该能发现其有趣的视觉效果。

再说回来，将字的设计即"字体"做成金属字模就是"活字"。最初纸书、杂志上的文章普遍都是由活字排版印刷而成。

在近代活字登上历史舞台的明治时期，字体由工匠一个一个亲手雕刻而成，以他们手刻于木版上的文字做成的"字型"固定而成"活字"。

为活字带来革新的是"二战"后日本引进的本顿雕刻机。它是由美国人林恩·本顿发明的，有了它以后，只需描摹手写底图，就可从自动缩小的字型制造出活字。

之后，印刷工序中引入了电子计算机，在昭和四十年代（1965—1974年）制作出了扫描底图的"点字体"。从那时起，字体发展成"数字化的点的集合"。而现在，字体已经演变成将文字的笔画轮廓数据化的"笔画字体"。

从人工雕刻到机器雕刻，然后到机器扫描成的点字体，再到笔画字体——秀英体在百年历史变革中大致经过了这样的变迁。启动"平成大改刻"是"因为，在从模拟式到数字式的技术变革中，曾经的秀英体的品质已无法保障"。

伊藤先生回忆道："那是在我进入秀英体开发室后不久，有机会将当时的秀英体与明治时期的匠人的设计以及照相排版、数字化之前的秀英体进行对比。结果发现，比起数字化之后的秀英体，活版印刷时期的秀英体线条更加流畅、抑扬顿挫、强劲有力。"

对匠人世界的向往

伊藤先生调到秀英体开发室是在1998年。那之前，他从京都市立艺术大学毕业后进入了大日本印刷。

他学习设计据说是受年长六岁的哥哥的影响。哥哥读的是美术学院，从小家里便有许多与美术相关的书籍，像《日本平面设计年鉴》和作品集之类。他阅读着这些书籍长大，痴迷于书中收录的各式各样、色彩绚丽的商标和海报。

选择入职大日本印刷是因一位大学师兄的推荐。那位师兄在那里做建材产品设计。

刚进公司时，伊藤被分配到师兄所在的建材部门，做起了"木纹印刷"设计。就像字体有字体的讲究，木纹印刷这种商品也凝聚着各种不为人知的苦心。

大日本印刷销售种类繁多的木纹印刷纹样，制作过程如下：

建材部门的设计师们分头前往各种木材店，选购看上去不错的木材，用大型相机一一拍摄下来。樱、枹、杉等等，每个品种都有几十种纹样。市面上的流行趋势基本是四五年更换一次。询问建筑商等客户的要求，找出符合时下流行的木纹纹样，是伊藤他们的重要工作。

"木纹纹样在日常生活中随处可见。壁纸、门板、餐厅吧台……各种地方都要用到。其中也很有讲究呢。"

比如说木头的年轮线。印刷品上的线条势必会在某处断开，如何让那些断开的地方显得自然，就要看匠人的手艺了。

"为了不让线条突然消失，必须手工加工，处理得让人看不出来。所以，直到现在每看到一扇门，我就会条件反射似的观察上面的木纹：'哦，线是在这里消失的。'这其实跟做字体很像。所有人都觉得理所当然的东西其实大费周折。两者都是这种性质的工作。"

世界上那些看似理所当然而被忽视的东西，其实凝聚着人的苦心与执着——在进秀英体开发室之前，伊藤就已经在匠人世界中发现了工作的意义。另一方面，工作久了他也逐渐感受到某种不满足。

他回忆道："我想做更多设计方面的工作，这种想法越来越强烈。木纹印刷的目标就是无限接近真实木材，可再怎么精益求精，做出来的始终不过是赝品。想要真木头的人，买家具、买桌子都不会买只是贴着印刷品的东西。事实摆在那里，真木头就是好，我自己也无法否认。"

秀英体开发室在公司内部招募，正好是在伊藤产生这种念头之后。

打开招募细则的邮件，里面写着"电子计算机数字化字体开发设计"。看到"秀英体"三个字时，伊藤立刻回忆起刚进公司时在研修培训中学到的一句话："秀英体是大日本印刷的原点，是大日本印刷的基因。""虽然不太清楚这个部门具体是做什么的，但或许很有趣吧"，于是便报了名。

被遗忘的字体

秀英体是大日本印刷的基因——然而，经过一百四十年的历史后，现在从事秀英体相关工作的员工屈指可数。正像伊藤当初那样，大部分年轻一代的员工仅将其作为公司发展史的一部分，在入职培训时粗略学习，几乎无人真正了解。

1998年，伊藤调到秀英体开发室，那时秀英体所处的大环境并不好。根本原因是伴随DTP[1]的普及，使用秀英体的机会越来越少。

在使用金属活字印制出版物的"活版印刷时代"，在做书的相关行业中，由印刷公司率先开发活字是有原因的。

当时，大日本印刷设计的字体活字只能在自家公司的印厂制作。因此，编辑、设计师要使用秀英体印刷原稿，就必须向大日本印刷指定字体，订购下印文件。

然而，随着数字字体开始在市场上销售，再加上DTP的普及，原来由印厂制做的下印文件，变为由设

---

1 Desktop Publishing，桌面出版。指在个人电脑上运用桌面排版软件实现排版以供印刷。——本书注释均为译者注

计师或排版公司制作，且能从已有的多种字体中挑选自己想要的。印厂拿到的下印文件，字体都是已经设置好的。于是，只能在大日本印刷印制的秀英体当然就失去了用武之地。

伊藤先生说："这种局面，让我们体会到前所未有的巨大危机。秀英体当时虽然也进行了数字化，但没有对外销售，所以设计师使用的字体库中找不到我们的秀英体。虽然它仍应用在很难以DTP软件制作的《广辞苑》《公司四季报》等书刊中，但就整体而言，使用秀英体的书刊数量在不断减少。"

那么，大日本印刷也像其他字体制造商一样，开放秀英体的对外使用权，问题不就迎刃而解了吗？但实际情况没那么简单，并不能一蹴而就。难点就在前文提及的"字体品质"。

比如关于印刷字体的"粗细"。明治时代制作的秀英体以使用在活版印刷中为前提，即在活字上涂刷油墨、按压到纸张上。将活字压到纸上时，压力越大油墨渗得越开，笔画就越粗。因此，工匠们会事先把油墨渗透的状况计算在内去雕刻母体活字的笔画。

前文已介绍了时代变迁下秀英体的数字化。在使用活版或照相排版的时代，油墨渗透、显影都会影响笔画粗细，可一旦数字化，这些因素便不复存在。

"在制版、印刷过程中，笔画不再变粗。原本特意刻得偏细的笔画就原封不动地印了出来，仔细一看就发现字比原来细。有的小字号甚至出现飞白。我调换岗位后的一项工作，就是将数字化的秀英体自动加粗来规避这种现象。"

但是，不仅限于文字，设计这种工作并非将细了的东西自动加粗就能解决问题。特别是明治时期工匠亲手雕刻的秀英体，独具匠心，每个字都有其独特的考量。比如，复杂的字笔画刻得偏细，不同汉字里的一撇一捺也完全不一样。

汉字是有固定形态的文字，正因如此，在雕刻汉字活字上，工匠们更能大显神通，字字见功夫。比如"口"这个字，"句""古""号""合"中皆有。考虑到字的整体协调，这些字里的每个"口"都有所不同。但同时，上百上千个字又必须气韵和谐、凝为一体，方才是"秀英体"。

每处不同自有用意，刻刀挥洒自如，活字栩栩如生，这便是工匠技艺的出神入化之处。若只是将字体自动加粗，微妙平衡中独有的调和与阔达便全数崩毁。那样加粗的字体还能称为"秀英体"吗？伊藤不禁对自己的工作产生了疑问。

"而且数字字体预设用于书刊正文，印刷正文时没问题，可一旦把字放大，线条流畅度就明显消失了。那么就算面向市场销售，书刊标题、广告海报也不会用秀英体。里面甚至还有笔画缺失的字，与别家相比品质实在低劣。那段时间，每当看到其他公司的字体，我都心焦如焚。"

那个时期，工匠倾注心力雕刻的秀英体历经了无数次的复制，失去了原本的流畅顺滑，可谓满身疮痍。它从各色文学、艺术书刊上淡出了人们的视野，甚至不被大日本印刷的年轻员工们熟知，逐渐淹没在百年历史的长河之中。

此种境况之下，公司决定启动"大改刻"工程，逐字修复秀英体，让其重获新生。

让字体在现代复苏

将秀英体大改刻提上议程的契机是大日本印刷的一百三十周年纪念项目。

在那之前，公司在2003年关闭了市谷工厂的活版事业部。自创立起历时一百二十余年、担任活版印刷工作的部门就此解散，这对公司来说亦是重要的转折点。

公司决定借此机会，将曾经被认为支撑着活版的自家设计系统化，对象选定为秀英体。秀英体开发室首先邀请片盐二朗先生对秀英体百年的历史变迁做出分析。片盐二朗是日本字体研究第一人，同时也是销售字体、开办版面设计学校的朗文堂的法人代表。

不久之后，公司收到了研究报告。从秀英体与筑地体的全面比较，到每一次的字体更新是如何变化的，报告中都做了细致考察。结果表明：在印刷技术的变革中，数字化的秀英体已无法保证原来的品质。

正如伊藤切身感受到的那样，专家的调查研究也再次验证了这一事实。片盐先生的那份报告后来也出版问世，成了《秀英体研究》这本大部头专著。

片盐先生指出，现在的秀英体没能承袭以前的工匠技艺，失去了"本来面貌"，并明确建议：反复复制导致品质劣化，有必要进行全面改刻。

"拿到专家的权威论断后，室长和我更有底气了，于是我们向公司提议改刻。"伊藤先生说道。其实，片盐当时的那份报告措辞极其严厉，以至于他们向公司上层汇报时，不得不采用更加委婉的说法。

"可想而知，当时我们的危机感有多大。虽然公司内部只有少部分人真正理解秀英体的价值，但经营管理层对它是有感情的，毕竟'秀英体是大日本印刷的原点'。这句话最终还是打动了他们。于是，作为一百三十周年纪念项目，秀英体大改刻确定实施了。"

在记录此次大改刻的《第一百年的字体制作——"秀英体 平成大改刻"记录》（2013年）一书中，社长北岛义俊在陈述开展这个纪念项目的理由之一时，引用了片盐报告中的一段话：

"在调查中我发现，参与、支持本次调查的大日本印刷的员工热爱字体与书籍，对秀英体一往情深，以秀英体为荣。希望以此报告为契机，今后肩负大日本印刷未来的年轻一代能让秀英体重获新生。"

伊藤先生毫无疑问便是那"年轻一代"中的一员。

那么，片盐先生所说的秀英体的"本来面貌"究竟是什么呢？本书中的这段描述令人印象深刻。

从古至今，所谓字体，是空气与水一般的存在。正确且确实地将信息传递给读者是字体的职责。错误自不用说，多余的表演绝非正文字体所求。而秀英体，不但是空气与水一般的存在，且必须是澄净的大气、清澈的天然水。

让秀英体在现代焕发新生是伊藤他们大改刻项目组成员的重要职责。

这次大改刻，包括翻新正文明朝体（L/M/B 三种粗细），首度将标题使用的初号明朝体数字化，以及从零开始制作方黑体金·银（L/B）和圆黑体（L/B）。

"平成大改刻"的发端

对一个企业来说，制作文字是远超一般想象的大项目。

在此之前，秀英体仅用于大日本印刷印制的出版物，而此次大改刻的目标是将其做成数字字体，面向市场销售。

要让设计师使用的字体库中收录秀英体，那么秀英体就必须囊括所有必备文字。从数量上说，仅正文明朝体（L/M/B 三种）中的一种字体，就必须设计两万三千多个字。标题用的初号明朝体、黑体需要约九千个字。大改刻计划的整个"秀英体系列"，全部加起来必须制作十二万个字以上。

在字体翻新过程中，大日本印刷作为甲方，委托字体设计师设计，而以伊藤为首的开发室成员则对设计好的文字逐字校正，提出修改建议。这一无比烦琐的作业要重复无数次。

每一个字都是手工制作，所以不存在订单越多单价越便宜的情况。大日本印刷委托"字游工房"、"Ryobi Imagix"（现为 Ryobi）两家字体公司进行字体设计，并委托片盐先生的朗文堂监督审核。价格一般是单字几千日元，由于字形不同，贵的要几万日元。粗略计算下来也是一个要花费几亿日元的大项目。

于是，"平成大改刻"项目在位于五反田大楼的C&I事业部（现为信息革新事业部）一角的秀英体开发室中，悄无声息地拉开了序幕。C&I事业部的主体业务是商品目录、店内广告之类的商业印刷品的策划，市场营销，网络业务系统开发等。这个部门的氛围"有点像广告代理公司"。

按理来说，秀英体开发室本应设在主管出版业务的市谷事业部（现为出版媒体事业部）。因为市谷事业部负责联系出版社，员工们经常会讨论秀英体、字体之类的话题。

但"平成大改刻"的目的，是将使用了一百多年的秀英体改良为能再用一百年的商品。不仅限于印刷品，还必须能应用在电子书、智能手机、电视、游戏等所有媒体中。公司上层领导期盼大改刻完成之际，秀英体能发展出各式各样的广泛用途。

曾是秀英体开发室一员的佐佐木爱女士笑着回忆道："改刻就是在那种环境中开始的，当时周围同事看我们都觉得很奇怪。开发室位于IT部门所在的楼层，其他同事都是对着电脑工作。只有角落里的我们，开着荧光灯，和纸上的字样大眼瞪小眼，一个字一个字地检查确认。工位上乱七八糟的全是纸，经常被人嫌弃：'收拾一下吧。'可我们明明是印刷公司嘛，对吧。"

为制作有魅力的字体

项目启动后他们最开始的工作是扫描"秀英初号明朝体"的字帖（明治时期工匠亲手雕刻的字体样本），对其进行首度数字化。伊藤将这项工作交给了当时还是开发室新人的宫田爱子。

伊藤先生回忆道："宫田起初一定很困惑吧，觉得事到如今，扫描这些旧字体有什么用？"然而，亲历过七年不间断的改刻作业，项目组成员佐佐木、宫田如今都成了秀英体的忠实拥护者，一说起对秀英体的热爱便忘乎所以。

当时他们制作新字体的流程如下。

在浩瀚的两万三千个字当中，首先试做"国東愛永袋靈酬今力鷹三鬱"这十二个基础汉字。书法界有"永字八法"一说，即"永"字包含了点、横、竖、钩、撇、捺等汉字最基本的组成部分。其余十一个字也是如此，都是制作字体的"基本形"。

经过反复讨论和修正，完成十二个"基本形"后，再制作一套涵盖各类偏旁部首的"种字"，即"基本字"，一套有四百个。然后才开始正式制作，以五百个或一千个为"一批次"，分批完成。

"对比过去工匠雕刻的活字的字帖和原图，检验新字体的留白、协调、流畅和抑扬，查看每个字的一笔一画，判断是否符合秀英体的和谐统一。最终的判断很大程度取决于个人的感知力。"

正式开始制作后，字体设计师以千字为单位，每个月交来一次字稿。开发室成员们一进公司便立刻打开荧光灯，一言不发地与纸堆格斗。对比字帖原图，在某个字的钩或捺上用红笔做出标记；如果是字帖上没有的字，就只能靠经验和感觉来判断它是否具有秀英体的统一感。

有时,他们对字体设计师给出的修改建议很抽象,像是"这个字没精神""太小家子气,不大方"之类。有的字甚至改了九次才最终完成。

当把做好的初号明朝体拿给公司外部的一位书籍装帧设计师看时,对方的点评丝毫不留情面:"这初号明朝体魅力不够啊。"于是,他们只能将已经完成的七千个汉字推倒重做。再度完成后,又拿去请新潮社、文艺春秋的装帧部的设计师提意见。像这样听取设计现场的声音,反复修改,实在是家常便饭。

"制作每个汉字都很艰难,非要说的话,'力''文''口''女'这类难度更大吧。一撇一捺该怎么摆,一个字要做多大,都需要考量。本来以为做好了,放进其他字里并排一看就发现重心偏了,或者比其他字小了。另外还有平假名、片假名,几个字放在一起大小不一,或是一个字里笔画粗细不等。遇到过好多这种问题。"

"平成大改刻"计划三年半完工,结果却耗时七年。

然而,回顾那漫长的七年岁月,伊藤先生却说:"再没有比这更幸福的事了,那七年间,我总是怀着这种心情在工作。"他说着脸上露出满足的表情。

看着他,我感受到,这世上竟真有那么一种工作,让人内心富足至此。即便工作结束，余生日日亦饱满充沛。

"我能从这份工作中获得幸福感，或许是因为'秀英体大改刻'工作的本质就是与以前工匠的设计对话。我们只是将字体数字化就已如此困难，而他们是用双手雕刻、描画。光看字帖和原图就能感受到他们的信念。"伊藤先生赞叹道，但他同时也认为，当时的工匠或许只是把它当成分内的工作，并不觉得有何了不起。据说，"二战"前秀英舍的刻字匠至少有过三个人。这仅是从字帖上的字体推断"可能有过三人"。他们姓甚名谁、曾是怎样的人，现在找不到任何记录。

"耗费那么大的劳力，没有一字杂乱，上千字协调统一。当然，与其他活版作业相比，他们拿着最高的报酬，必然也得到了高度评价与肯定。但是，没有留名就说明对他们来说，那是最普通、最自然的事，根本没想过留下记录。"

留存下来的只有完成的文字，只留下文字这种"声音"，而他们消失在了历史的长河中。

侧耳倾听这声音时，伊藤先生为这种技术而感动，也因自己从事相同工作而生出静谧的充盈感。

朝着百年之后

经过历时七年的大改刻后，秀英体被收入字体制作公司"森泽"的字体库中，于2009年首次以数字字体的形式面向市场销售。原本只能在大日本印刷公司印制的出版物中使用的秀英体，自此之后开始在其他印刷公司得到广泛应用。字体品质得到了保证，放大或缩小都不影响线条的流畅度。

"翻开一本书，秀英体便映入眼帘。封面设计也开始使用秀英体。看到书店里陈列的书籍封面，我终于切实感到，秀英体在社会上得到了普及。"

在电车里悬挂的小广告、街头的巨幅海报或电视广告中看到秀英体时，伊藤先生觉得他们的工作终于有了回响。因为只有秀英体在众多字体中脱颖而出，被设计师选中，才能出现在那些地方。自豪之情，溢于言表。

前文提及的后来由大日本印刷编纂的《第一百年的字体制作——"秀英体 平成大改刻"记录》一书，在后记中以伊藤先生所属的秀英体开发室的名义，登载了下面这段话。

古今东西，不论哪种名家字体，在对其进行评价时，都绝不能无视将文字留存于世的雕刻、印刷及成像技术。设计，离不开技术的支持。正因如此，打动人心的字体会经历无数次重生，为不同时代增色生辉。顺应新时代要求，重新打磨字体的细节，找出最适合的要素，才能再次接受时代的考验。只有坚持革新、不断被人使用，字体的生命才得以延续。

遇到伊藤先生一段时间之后，我才读到这段文字，从中感受到他致力于字体工作的信念，深受触动。

文章接着写道："大改刻的目标是百年之后人们依然使用秀英体。然而，没有一个研发人员能亲见那百年之后。"

"当触及字体之美时，但愿大家能想起，在一本书的背后、在电子设备屏幕的另一端，有着字体研发制作者们的存在。"文章最后总结道。

字体是什么？

对于这个问题，伊藤先生依然没有明确的答案。可是，他再一次说道，不断思考这一问题度过的那些岁月，无疑"是一段幸福的时光"。

只有坚持革新、不断被人使用，字体的生命才得以延续。

作为一名字体设计研发者，伊藤先生自身也与秀英体的百年历史牵绊相连，此情此感无比真切地流露在他的脸上。

第二章

装订

在德国学习装订技术

屈指可数的装订大师

在小小的木头厂房、没有照明的阴暗房间的一隅，"滋滋"声中，火星四溅。

当时还是少年的他对那尖利的巨响感到恐惧，也因害怕，胸中涌起一股好奇，想要走近瞧个仔细。

凝目看去，台子上的机器如活物一般运转着，裁切机里高速旋转的切刀左右移动，银灰色的刀片沿着刀头来回切割。

机油、新墨水，还有纸张的味道，令人恍惚……

青木英一先生言辞质朴地聊起旧闻逸话，脸上浮现出怀念的神情。"那是我对'装订厂'最初的印象。毕竟那会儿还没上小学，可能是我的想象太夸张也不一定。"他这样说着，微微一笑。

青木先生是拥有近百年历史的松岳社（青木装订厂）的第四代社长。我想采访他，是因为听说即使放眼整个日本装订界，他的经历也非常独特。

青木出生在1952年。那时手冢治虫开始在杂志《少年》上连载《铁臂阿童木》。高中毕业后，十九岁的青木远渡德国。在那里学习了七年装订技术，取得了德国国家职业资格"装订技师"的职称后，返回日本。同行中有人提到青木先生时，会尊敬地称他一声"大师"。

"装订技师"是德国专业技术人员的职称，具备此资格的人可培训、指导在装订厂工作的工人。在德国，这是能获得高薪的职业技能之一。在装订技术的发源地欧洲修习装订技术，不论以前还是现在，拥有这种经历的日本人都屈指可数。据说当时（1971年），在他之前只有一人，就是牧装订印刷公司的前任社长佐佐木启策。

青木先生不仅熟悉"二战"前起步的日本装订厂实况，而且在装订技术的发祥地欧洲学习过，所以，我想务必将他说的话记录在拙作中。

这一年（2014年）即将六十二岁的青木先生，在迄今为止的职业生涯中，与"书的世界"有过怎样一番渊源呢？

虽然他只是颇为淡然地回忆起有关装订厂的往事，但将那桩桩件件的小事从记忆中抽取而出时，无不弥漫着一种难以言喻的优雅、理性，那氛围令人印象深刻。我逐渐被青木先生的话所吸引。

火花四溅的风景

装订厂早上很早开工。在青木的少年时代，青木装订厂的工厂位于饭田桥。早上刚一过七点，四十几名工人便已涌入车间，开始流水作业。

书的四边，上端称"天头"，下端为"地脚"，书脊为"订口"，与书脊相对的一边为"切口"。沿着天头、地脚、切口三个方向同时裁切的机器，叫"三面裁切机"，当时工厂还没有引进这种机器。

车间里摆放着两台裁切机，工人在机器间传递纸沓，进行流水作业。

一本书的装订流程一般有这几道工序：1.将原稿裁切成沓；2.放入折叠机，折成十六折的书帖（字典类书籍有时采用三十二折）；3.将配好的书帖锁线串订成书芯；4.粘上封面，加以整饰。

现在，将纸沓放进装订一体机，自动完成装订的书就会逐本传送出来。而在以前，每一道工序都是分别完成的。

特别是"锁线"，大多承包给外面的公司。一大早车间里就能看到外部公司的女工人们，迅敏地用线串订书帖的风景。

另外，还有将书脊做成圆弧形的"扒圆"工艺，以及粘纱布和书脊纸之类的加固等。工匠们各司其职，协力完成整个装订过程。

"那个年代啊，我们在书脊上涂一层动物胶，粘上纱布、厚纸片，用刷子刷平。因为如果直接用手扒，动物胶容易粘到手上，所以就得用小刷子，力道适中地按压，很需要技巧。"

当时，工作一直要持续到晚上九点多，一天下来大约能装订四千册图书。

幼年生活在工厂二楼的青木谈及初心时说，至今镌刻在记忆深处的，是一片火花四溅的风景。那是研磨裁切机旧刀片时的画面。

车间会事先备好许多刀片，在切不动纸沓前就要及时换下旧的、装上新的。但有时也会贻误更换时机，这时工人便会喊："喂，下雨喽。"裁切机的刀片老化受损后，书帖的切口处就会呈现细纹状的伤口，车间工人把这叫作"下雨"。

青木先生说："因为是大量生产，所以作业必须快速。同时，对于呈现书籍之美，扒圆工艺等是极其重要的。因此，工人们万分仔细。不管哪一道工序的工人，手都是粗糙的。干这一行的人都有种'匠人精神'，'二战'前一般都是在某处的装订厂当学徒，逐渐积累工作经验。战后这种习惯也延续下来，首先要在装订公司干活，得到师父认可后再出去开自己的店，这样的情况很多。现在，青木装订厂的很多老工人都已过世，但偶尔还会有人过来打招呼：'祖父当年在青木先生的厂里受了很多照顾。'"

成为独立的工匠

说起做学徒，青木装订厂的前身青木兄弟装订厂的创立者之一，同时也是松岳社创立者的青木寅松——青木英一的祖父——在少年时代，曾和兄弟一起在东京平民区的装订厂做过学徒。之后自己出来单干，作为"自由工匠"服务过多家公司。

装订的世界里,"自由工匠"以靠手艺吃饭为荣。在青木寅松的一周年忌日时出版的私家版《匠人的诗》一书中,下面这一段话反映了其为人:

> 现在很难跟当时相比。但要我说呢,既然做了装订这一行,就得以独当一面为目标。原本就因为是手工生产,才有了装订工这个工种。做学徒,积年累月,磨炼技艺,最后自己能独立做事。在这一行,必须这样才行得通。这和现在那些没吃过什么苦头就出来做工捞钱的人大为不同。

这段对年轻一代甚是严厉的话语,也包含了对继承装订厂的青木英一的鞭挞与教诲。在了解青木寅松成为装订工的经历之后,我对这段话也有了更深刻的体悟。

由于家庭状况,寅松十岁从小学退学后,在装订厂当起了住家伙计。最开始的三年,每天负责厂里的打扫、擦洗,还有扫厕所、洗衣服等杂务。在《匠人的诗》中他回忆了那段岁月。

当时,他分到了阁楼上的一间小房间作睡房,榻榻米和柱子的缝隙间臭虫爬来爬去，早上一起床身上全是虫子咬过的痕迹。

居住环境如此，可想而知劳动环境多么恶劣。每个月只有一号、十五号两天假期，其余时间常常是穿着和服在厂里做杂役，每天都要干到太阳下山。寅松写到，因鲜少接触阳光，所以脸色发青，被人嘲笑是"青葫芦"。他拿到的第一笔工钱是三十钱[1]。

经历如此艰辛的学徒时代，他梦寐以求的就是自立门户。

比如"贴箔"这道工艺。"光是粘封面的手艺，粘液体胶就要学三年，粘动物胶又要学三年。这贴箔技术，以前是用金箔金版，必须刚好贴合金版的大小，不能浪费开料，要切得小小的。"

即便在恶劣的工作环境中，寅松也为学到装订技术、掌握了本领而骄傲。读那本自传，我深刻感受到了这一点。

"用竹镊子夹起一片金箔，贴在金版上，用青梅棉按压，就叫'贴箔'。虽说只是贴箔工的辅助工序，但

---

[1] 明治时期开始使用的货币单位，是日元的百分之一，现已废除。当时的三十钱换算到现在大概是六千日元。

光这一道工序，要完全掌握也需花上两三年。至于要成为专业的贴箔工，没有五六年的功底绝对不行。"

书籍，就是由这样的人们生产出的工业品。精装书正是靠着这些默默无闻的工人的技术才得以完成。

寅松掌握了一项又一项的技艺，后来他做学徒的那家位于平民区的装订厂倒闭了。因此，十七岁的他成了"自由工匠"。他当伙计的那家装订厂叫田中装订厂。第一次世界大战后经济萎靡，许多装订厂找到的出路是做杂志。但田中装订厂却坚持要做精装书，这也是它倒闭的原因。

"经营不下去，就把厂子关了。那时师父对我们这些徒弟说：没什么东西给你们，但到今天为止你们学到的手艺就是师父的赠别礼。今后到社会上，作为独当一面的工匠，加油干吧。"

后来，寅松在东京的几家装订厂工作过，又去大阪精进技艺。在关东大地震的一年后，即1924年，他在虎门找了块地，开起了一家小小的装订厂。

说到这儿，青木先生稍做休息。他似乎回忆起了在他十九岁那年去世的祖父的面容，眯起眼睛说："如果祖父再多活几年，说不定我们爷孙俩能对饮畅谈，听他聊更多的事了。

"总之，装订就是这样一行。工匠靠手艺辗转各地工厂，有本事一天做出几千本书自然会获得好评。这些人中，也有自己开公司的。我们厂子最开始接到了现在的日本评论社、博文馆印刷厂（现为共同印刷）的装订委托。最初装订的那些书刊，我自己也没有保留，但有几家出版社的样书间里或许还能找到。"

顺便一提，如此起步的青木兄弟装订厂从虎门搬到饭田桥，其背后还有一件有关战争的逸闻。当时，青木兄弟装订厂的装订技术获得高度评价，有机会装订昭和天皇研究鱼类、贝类的论文。

"战时，许多工厂的印刷机被军队征用，改造成炮弹之类。但只要印刷过天皇陛下的出版物，就等于挂上了'宫廷御用'的招牌。托这件事的福，我们厂里珍贵的印刷机没被收走，战后得以重新开业。听说有的大型印刷厂，因为没有这块招牌而陷入危机。其中有一些厂子和有招牌的厂临时合并，才躲过一劫。"

青木兄弟装订厂战时为躲避灾难，整个厂子连同机器迁至位于经堂的印刷研究所，在那里结识的印刷厂老板将岩波书店的职员介绍给了他们。战后不久，他们将工厂搬到饭田桥，最初接到的委托就是装订《岩波理化学辞典》。以此为契机，后来又收到《广辞苑》的装订订单。战后，青木兄弟装订厂正是靠着《岩波理化学辞典》撑了下来。（该厂也在这一时期，将公司名改为青木装订厂，商号为松岳社。）

"'宫廷御用'的招牌、在避难地与岩波书店的结缘……如果没有这一系列的偶然，装订厂都不知能否活下来。"

这便是创立于大正时代、如今仍在继续装订业务的松岳社的历史。

机械化浪潮改变的风景

青木英一第一次到家里的装订厂帮工，是上初中后不久。

他从小学开始就喜欢听父亲的古典音乐唱片，上初中后爱上了自己组装收音机、制作真空管扬声器等等。有一次，他因为想买秋叶原一家商店里的零部件，向父亲讨要零用钱。父亲就让他到工厂去："想要零用钱就来工作吧。"

当时，他们家已搬去神乐坂，饭田桥的工厂对青木英一来说已有些陌生。但为了零花钱，他便利用暑假去车间打工。

在装订的流程中，有一道"配页"的工序。把印有原稿的大幅面纸张折叠成书刊开本尺寸的书帖，再将这些书帖按照书刊的页码顺序排好就叫"配页"。往往十六页或三十二页为一帖，如果是一本一百六十页的书刊，就需将十沓书帖，按顺序分别放进配页机的相应联中。每联里的书帖依次掉落到传送带上，最后被组装成一册完整的书芯，从配页机出口传送而出，再进入锁线工序。

"虽然我的工作只是将成沓的书帖放到配页机的相应联上，但一个人必须同时负责四五联，要花一段时间才能熟悉这套操作。如果追不上机器的速度，哪一联没纸了，机器便会停止运作。记得最开始的时候，我弄错了书帖的位置，装订出好几册缺页的书呢。第一次上完工的第二天，我全身筋肉酸痛。当初就只是这样，还不觉得装订的工作多有趣。但或许我父亲已有所考虑，希望将来我能继承装订厂吧。"

时代迈向日本的经济高速成长期，装订厂一派朝气蓬勃。擅长装订辞典类书刊的松岳社，接到了大量这类书刊的订单。它以三十二页薄纸为一帖、高精准度装订成册的技术树立了口碑，逐渐积累了可以投资设备的资金。产量在进入二十世纪八十年代后到达了顶峰。

当时青木装订厂的社长、青木英一的父亲青木光显常去西德出差。西德杜塞尔多夫每四年举办一次世界最大的印刷器材展览会"drupa"。青木光显将在"drupa"上发现的最先进器材带回日本，不断摸索直至熟练操作，大大提高了装订效率。

同时也意味着，青木英一从小熟悉的以手工作业为主的车间，将失去原本的面貌。特别是引进世界级的装订机器制造商"柯尔布斯"的产品后，日本装订的工作现场发生了翻天覆地的变化。加固、扒圆的工人，锁线的女工……他们的工作都被机器取代。

"听说折叠机的展览会刚举办那会儿，失去工作的折叠工们甚至扔过石头。回想起来，那是装订的所有工序全部机械化的最初阶段。如今，只需将纸沓放在台子上，等着自动装订好的书刊传送出来就行了。

"当时我们有员工六十五名左右，现在只剩二十六名。即便如此，产量依旧保持不变。如此，经过二十世纪七十年代进入二十世纪八十年代后，就基本没有折叠工了。手工扒圆、粘封面的工人们也各自独立出去，从装订厂消失了。"

读大学,还是去西德?

在原本以手工业为特色的装订工作开始急速机械化的分水岭上,青木先生的人生也迎来巨大转机。

那是他即将高中毕业的1971年。父亲为他提供了两个选项:"读大学,还是去西德当装订技师?"第一次听到"装订技师"一词,他完全不知道那是什么。不过,他想起每隔几年就要去一次西德的父亲,曾给他看过柏林墙和杜塞尔多夫的街道的照片。

父亲说,自己在那边有一个做生意的熟人,业务是把柯尔布斯公司的机器卖到日本,所以他去了那边也有人照顾。他提议先去杜塞尔多夫近郊的语言学校学习德语,在当地印刷公司的学校取得职工资格后,再去培养技师的职业技术学校就读。父亲当时是盘算着,让未来继承家业的儿子先去装订技术的发源地学习吧。

"光听父亲那番话,我也想象不出具体情形。总之他就是想让我去德国学装订吧。我本来也喜欢做东西,比起在大学里学知识,去西德学手艺对我来说更有吸引力。我那时不喜欢上学。"青木先生笑着说,现在想来,如果当初选择留在日本读大学或许不知要轻松多少。可当时他对于父亲的提议，并没有多加考虑便回答说："我去西德。"

国度不同，但同样是做书

在距离西德杜塞尔多夫两小时火车车程的西部工业区一角，有一个叫作"居特斯洛"的城镇。那是一个被针叶林环绕，人口不足十万的工业小镇。

这个小镇上，有一家世界知名的综合传媒公司"贝塔斯曼"。

1835年作为出版社创立的贝塔斯曼，在第二次世界大战后开设了"贝塔斯曼书友会"，以邮购模式的书籍会员制大获成功。"贝塔斯曼书友会"风靡一时。二十世纪五十年代，贝塔斯曼进军音乐行业。从印刷到出版再到音乐、电影，近年还开拓了电视、网络业务，贝塔斯曼成了欧洲最大的传媒企业之一。

1972年青木在杜塞尔多夫近郊的小镇学了半年德语后，二十岁进入培养"装订助理技师"的职业学校。他的目标是成为"装订技师"，技师（Meister）是德国技术人员最高级别的国家资格。而助理技师（Geselle）是技师下一级的职称。技师也具备培养助理技师的资格。

按照德国当时的教育制度，六岁开始上学，接受四年的初等教育后，面临两种选择：一是接受职业技术教育；二是以升入大学为目标，继续接受高等教育。因此，青木就读的那所职业技术学校里，全是已经接受了五六年职业技术教育的年轻人。二十岁的他混入这群十五六岁的学生中间，开始学习装订技术。

"当时只有我一个外国人，在贝塔斯曼念助理技师课程的日本人，在我之前和之后都没有吧。因此，在班里我被当成'稀有动物'。他们虽然才上初中，但都是有经验的工匠。下课后大家会结伴去喝酒。他们会问我很多关于日本的事。在酒吧里认识的一个老爷爷还跟我说：'下次喝酒不要带意大利的。'哈哈。我感觉自己融入了他们之中。这可能是因为，就算国度不同，但同样是做书，大家目标一致吧。"

他眼中的贝塔斯曼，是个无比广大、充满活力且闪闪发光的地方。

在二十四小时制的工厂里，有两千名左右的工人工作。一到换班时间，巨大的停车场内，车子一辆紧挨着一辆进进出出。铁路上不断运送来印刷物的原材料，而装订好的书刊则被装进大卡车里从仓库出货。

欧洲出版业的涉足范围之广是最吸引青木的地方。在贝塔斯曼，一本书以英文、德文、法文、意大利文、西班牙文多语种同步印刷发行，再运往各语言圈的多个国家。

有一天，他参观了工厂里的一个车间，那里按语种分门别类地收集着活版印刷用的大量活字。紧密排列的铅块看起来就很重。那片光景，唤起他胸中莫名的感动。

贝塔斯曼公司不仅有印刷、装订业务，还涉足小说、百科事典的编辑，以及唱片制作等业务。因此，公司里能看到进进出出的蓝领职工、在出版部门工作的编辑、签约作家和歌手等各色人物。

青木那时寄宿在一对德国夫妇和他们几个儿子居住的家中，他每天早上从寄宿处前往朝气蓬勃的工厂上学。位于工厂内一角的学校，像是巨大工厂里的一个小型印刷装订厂。

"设在工厂内的学校里，有一个供见习工人实际操作的地方，本身也算是一个正在运作的小型工厂。在这所学校里，会以一周一两次的频率生产小批次的书。这些如果放在贝塔斯曼公司的大型生产线上就会亏本。我们这些学生也要干活儿，在实际工作中学习和掌握装订技术。每月还能拿到约合四万日元的工资。

"学校课程最开始是学习纯手工装订，接着学习相对安全且容易操作的折叠机，最后再实际操作三面裁切机。大部分机器都是半自动的旧产品，这是为了让我们熟练掌握器材的组装、调试等。"

不仅装订相关，用于活字组版、纸张整饰加工的器材都很齐全。学生们自由使用机器，分阶段完成"织物面料精装书的制作""纯手工皮革面料精装书的制作"等课题。

技术一旦掌握，就会相伴一生

青木先生回顾道，在贝塔斯曼的学习过程中，他逐渐沉迷于装订的世界。

"终于能熟练操作一部机器时，那份喜悦无以言表。纯手工制作一本书时，到底能将脑海中的设想实现到何种程度……这些都十分有趣。在课上，我们把从旧书店找来的旧书拆散，按照自己的设计重新组装。还要学习一些设计的基础知识。逐步掌握一项又一项的技术，那个过程真的很开心。"

这样说着，青木先生拿起了一本最近受岩波书店委托制作的谷川俊太郎的诗集,抚摸着书脊说道:"比如这本书……"

一眼看去就觉得那是一本很美的书。虽然是一本页数很少的薄薄的诗集,但书脊却呈现出漂亮的弧度。

"这么点厚度的书一般是做成方脊的。要把这么薄的书脊做圆是一项难度极高的工艺。但是制作这本诗集时,责任编辑强烈要求做出漂亮的圆脊。于是我们重新研究了机器的使用说明书,最终实现了这一工艺。

"技术一旦掌握,就会相伴一生,总之要不断尝试。我的做法是不断调试机器,钻研透了,然后熟练操作。这很大程度上也源于我在德国的经历。"

为自己装订书籍的文化

在贝塔斯曼的四年,青木日日埋首于纯手工书和工业装订的世界。取得助理技师资格后,他继续学习在经营方面必须掌握的出版物成本计算,以及唱片封套的表面整饰与加工工艺等技术,并进入慕尼黑的一所专门培养技师的学校学习。

那所学校校舍面积广阔。据说像一所"学习纸张相关知识"的综合性大学。印刷、活版、装订,不同学科

薄的书书脊也是圆的

位于不同的教学大楼。青木在一个有二十名左右学生的装订班上，作为正式学生上了两年课。

"换作在日本，或许有人会认为，真的需要那么多装订技师吗？这是因为，在欧洲有一部分的旧书店将活版保留下来，定期用活版印制极少量的书芯，只将书芯销售给顾客。欧洲的这种文化，到现在我依然觉得很棒。放在日本的话，就好比将夏目漱石的初版版式，原原本本印在纸上出售一样。

"比如，在旧书店买来印好的歌德的《浮士德》的书芯，花上高额的装订费将它打造成独一无二的一本书。包书皮也是一种普遍做法，但藏书家、富人们更愿意将喜欢的书打造成自己钟意的皮革精装书。就连当地的一些小文具店里，都有能满足这种需求的工匠。因此，取得技师资格的工匠，有的去工厂里当师傅、带徒弟；也有许多人自己开起了工作室。街道的小工厂会接一些来自大学的以50本为单位的皮装订单；而有技术的人会逐渐去做一些美术书籍的修复工作。"

1978年的冬天，青木结束了在西德的生活，回到了日本。

当时他整颗心都扑在学习装订技术上，也曾考虑过去巴黎的职业院校继续学习更高难度的美术装订。特别是修复作为古董艺术品的书籍的工作很吸引他，他为此已经开始学习宗教、建筑相关的知识。

"不过，父亲还是要求我回国。原本就是为继承公司而出国学习，再加上当时公司正赶上文学全集的畅销，那时候《森鸥外全集》可是两三万册地一直加印呢。我父母也曾特别担心，说这小子该不会就不回来了吧？后来，我虽然回了日本，但在德国还是留下了一些遗憾。"

——这便是青木在西德七年的大致经过。

青木先生接着说道："回国后，总之就是吸收日本的做法，并没有到处炫耀自己在德国学到的东西。当时就觉得，要先做出成绩再说。"

"您看，我这儿有这么一本……"他有些害羞地将自己在技师学校里制作的一本精装书拿给我看。那是一本蓝色封皮的小小的书，经年累月，封皮已经老旧，但装饰着复杂的纹样，美丽而动人。翻开来看，里面是德文版的《小王子》。

"Kleisterpapier，欧洲古老的染纸工艺，译为'浆染'比较合适吧。做法是将海萝胶和颜料混合，涂抹在纸上。我把它改为了印章形式，试着按压出纹样。纯粹是做着玩的书，但一直保留到了现在。"

近四十年的岁月流逝，青木说起德国的经历却仿佛是在说昨天的事。为自己打造的、全世界仅此一本的《小王子》——看着青木将它拿在手中的样子，我能感觉到，那七年时光至今仍在他心中如宝石般璀璨闪耀。

在时代变迁中，装订厂不复鼎盛期的活力，但青木依然为维持高质量的装订工艺，不断调整机器、尝试革新。他的这种精神，必定也源自在德国学习的七年时光。

"运用长期积累的基础技术，才能像刚才那本诗集一般把薄书做出圆脊，制作出质感更高级、轻便的书。我们装订工作者，也可以主动向编辑、设计师们提出想法和建议。

"受电子书的普及之类的影响，书的大环境今后也将发生剧变。但我认为，书作为工业制品其本身的价值也会不断提高。比如，只需在部分纯手工的工序上有所强化、添加一些创意，整本书的气质就会截然不同。不过，这仅限于在这个小小长方体的世界中。"

青木先生再次微笑，接下去的话却掷地有声。

"即便只是少量制作，对某些人来说也是特别的一本书。当他再想制作这样一本无可取代的书时,若没有了装订技术,那个无比珍贵的书的世界也将不复存在。我相信,在那个世界中一定还有许多有待我们发掘的、能够打动人心的东西。"

第三章

印刷

六叠大的活版印刷店

"承接各类印刷。"

拜访那间工坊时，入口处的门框上垂挂着的一张短笺随风摇曳，上面写着这句话。

东京都台东区寿一带的主干道沿线，有一家名为"FUP"（FIRST UNIVERSAL PRESS）的活版印刷店。如短笺所写，这家小型印刷公司以活版印刷的方式，承接诗集、歌集等书籍，名片，广告宣传单等各类印刷。

充满着昭和年代怀旧氛围的工作间内，六叠大的房间一角，密密麻麻的铅活字规整地排列在架子上。房间深处，一台标有"NODE"字样的淡绿色印刷机，像个不发一语的顽固老头，坐镇其中。

"做书"现场，总会弥漫着这样一股混合着墨水与机油味的、手工业特有的香气，令人莫名怀念。铅活字、各类金属器具、组版时置于行间的小薄板、字间空白、校样箱……工坊里的各类工具、器具上沾染的油渍，诉说着曾由活版肩负印刷业的那段历史。

我想起以前看过的野田秀树的一出戏剧，讲的是一台老旧缝纫机做的一场梦。而这间工坊里不发一语的机器们，又做着怎样的梦呢？

这些被物什围绕的、小小工作间的旧工作台上，一个男人正在整理工具。他仿佛从很久以前就一直存在于那里。这个男人就是溪山丈介先生，这家活版印刷工坊的店主。

这里有文字的形状

"活版印刷的优点？如果真有那么多优点，就该更赚钱才是啊，这一行也不会那么轻易衰败，不是吗？"

溪山先生从房间深处的电冰箱里取出瓶装的茶，说着哈哈大笑起来。这间工坊全靠他们夫妇二人料理。似乎因为要袒露心声而有些羞赧，停顿片刻后，他说："不过……这里有文字的形状。"这句话像是暗藏着什么哑谜。

"把小型印刷机和铅活字拿到工作间，在孩子们面前'咔嚓'一下演示给他们看。印刷和盖章是同一个原理，这样特别容易理解。以活版印制的书，在干净整洁的程度上，恐怕还是不如对纸张没有损耗的DTP或胶印。但是，活版可以做出和它们不一样的东西。关键就在这独特性吧。"

活版印刷是好还是不好？看法因人而异。"至少我觉得很棒。"溪山说着又意味深长地笑了笑。他身材瘦弱，套一件羽绒服，戴一顶深绿色帽子。和他交谈很舒服。这间工坊里，活版印刷的各类器具几乎要塞不下。置身其中，我似乎有些能够理解他为什么这样说。

目前，出版行业印刷的主流是胶印。这是一种将印版上的油墨移印至名为"胶皮"的橡皮滚筒上，再由滚筒转印至纸张的印刷技术。它运用的是水油不互溶及网点构像原理。首先将原稿的图文信息刻印在涂有感光乳剂的PS版上，进行显影处理后完成制版。然后把印版固定在印刷机上，将油墨转印到滚筒，再复制到纸张上。经过这一连串的操作，原稿的图文信息便成功转印到了纸上。

可以说，胶印的工序原理像极了化学实验，要向小学生说明清楚需要花费一番功夫。而与之相对，活版印刷的工序，只要亲眼看过就能大致理解。

FUP 工坊的一角

1.按照原稿上的文字，从架子上检取出对应的铅活字，放进名为"排字箱"的小木盒中；2.在"排版台"上，按指定的位置排列活字，是为组版；3.把组好的版面，用棉线加以固定；4.按顺序把四块版放进名为"校样箱"的木箱中；5.将其固定在印刷机上，开始印刷。

溪山说"这里有文字的形状"，而这组版工序，如其字面意义"将活字组合在一起"，是没有空白的。在字间、行间等无须印刷的部分嵌入金属制或木制的棒状填塞物。一页被塞得满满当当、没有一丝空隙的版面，有着沉甸甸的分量。

"看到这个之后，作者也不敢轻易修改了。"溪山狡黠一笑，"修改原稿时，如果发生'动行'，也就是改动一行里的文字后影响到下一行，那么活字的位置就要全部重新排列。因此，以前有的印刷公司，二校样以后的修改如果'动行'，就要收取和初次排版相同的费用。由此可见，DTP和电子输入给世界带来了多么巨大的变革。

"总之,过去讲求的是'手感'。而在印刷业'手感'却妨碍了效率。人们为消除这种障碍努力至今。现在，世界变了，大家又觉得寂寞了，又有人想用活版来印东西了。这世界就是这么奇怪啊。"

活版印刷人的经历

溪山开始在台东区寿一带经营FUP是在2013年6月。

当初,溪山租下的是一间原本做烤鸡肉串生意的店铺,距离现在的工坊一百来米。他用一百万日元(含机器设置费)购置了那台二手的淡绿色印刷机"NODE",又从一家停业的印刷公司买下了铅活字,全数搬进自己店里。后来,那家店铺所在的建筑被拆除,同年9月溪山将工坊搬到了现在的地方。

其实,与其说溪山从事"活版印刷业",不如称他为"万事活版印刷人"。他的经历可谓与众不同。

1968年,溪山出生于东京都台东区,今年四十六岁。"我这个人啊,从没认真考虑过将来的事。"他如此说道。

十几岁时,他热衷黑人音乐,曾想过远渡美国学习"非裔美国人研究"(Afro-American Studies)。但出于现实考虑他放弃了这个梦想,二十几岁在经营小钢珠店的公司找了份工作。

溪山回忆道:"开始我是做大厅服务员,给客人送送小钢珠，修修出问题的机子。后来被派到总公司，还曾参与编写过新店铺的待客指南呢。

"那时正赶上小钢珠店整改，说是要改掉先前那种凶神恶煞的店员大叔吓唬客人的氛围。我的那些同事，也都是些工资到手当天就全部拿去赌自行车赛的家伙。那会儿什么都很刺激，是一个我没有见识过的世界。我还挺喜欢的。后来，我做了印刷这一行发现也很合脾性，都是性格所致吧。"

当时正逢泡沫经济全盛期，溪山一边在形势大好的娱乐产业工作，一边开始学习清元调。清元调是净琉璃[1]的流派之一，是歌舞伎的舞蹈音乐，以三味线为乐器。据说这与他曾憧憬黑人音乐却最终放弃的经历有关，溪山认为："自己是日本人，学日本的传统音乐，总可以研究出个名堂吧。"

他三十岁从经营小钢珠店的公司辞职，正好那时教他练功的师傅对他发出邀请，此后近十年，溪山作为清元调的"太夫"（净琉璃中念唱词的艺人）钻研技艺。2008年，他的人生迎来了重要转机。

"我叔父在板桥经营一家名为'内外文字印刷'的

---

1 日本独有的木偶戏，是日本古典舞台艺术形式的一种。

活版印刷店。那会儿，他原本要继承家业的儿子年纪轻轻就不幸离世。叔父对我提起了家里的难处。当时，我与清元调的嫡派宗主关系不太融洽，正打算放弃清元调。于是便对叔父说：'我现在正好清闲，可以去店里帮忙。'"

于是，就这样溪山开始在叔父的印刷公司工作。这让他回忆起少年时代的旧事，也让他感到命运冥冥中自有定数。

初中生，雕活字

那是溪山读初中的时候。

内外文字印刷（当时名为"内外文字精巧"）是一家位于东京都北区泷野川，以制造活字字模为业的家族企业。所谓"活字字模"，就是铸造铅活字用的模具。在里面浇入铅等，冷却形成活字。溪山曾因想要一台讲究的照相机而打了一份工，便是制作这字模。

溪山说："在一次亲戚聚会时，叔父听我说要钱买一台照相机，便说：'不如来我这儿工作看看？'如今回想起来，那时的经历成了我的原点。"

那是他有生以来第一次正式打工。从东大前站搭乘公车到泷野川，他怀着些许紧张的心情迈入了工厂大门。狭小逼仄的空间、四处油渍斑斑的景象让他大为吃惊。与学校安排参观学习的现代化工厂不同，拉开这间工厂的拉门，阴暗的室内摆放着有年头的机器，叔父和叔母在里面不声不响地雕刻着活字。

在这里，溪山主要跟着叔母学习机器的操作方法，帮着做一些相对简单的汉字活字字模。

当时，铅活字是如何雕刻而成的呢？

还是初中生的溪山，在工厂里看到了一台名为"津上式本顿字模雕刻机"的机器。这台雕刻机的原型是1885年由美国"American Type Founders"（ATF）公司的技术员——林·本顿开发而成的。有了这台机器，只需描摹底样便可制作活字。

日本在"二战"前经由三省堂引进该机器，但实际普及是在1948年，津上制作所（现TSUGAMI）与三省堂联合将该机器国产化。开发秀英体的大日本印刷公司的社史里也有记载："1948年1月，本社与津上制作所签约，制作本顿字模雕刻机'活字绘图仪'两台及全套的备用品、备用零件。"

在那以前，活字字模皆由技艺高超的工匠，用刻刀在木材上雕刻出镜像文字。由此可见，本顿雕刻机的出现为日本的活字、印刷历史带来了影响深远的技术革新。即便是一个当天初到工厂的初中生，都能使用雕刻机制作具有一定精准度的活字字模。它使字模的量产变成可能，但同时也意味着又一项"工匠技艺"的消失。

"叔父的字模制造工厂里，有五六台泛着黑光的本顿雕刻机。操作起来十分简单，只要熟悉步骤谁都能上手。我很快就做出了字模。假名的难度稍大，所以我做的都是简单的汉字字模。我也是后来才知道，据说早前厂子和电通社、每日新闻社等都有过直接的生意往来，为他们制作过活字字模。如今想来，那是靠活版吃饭的最后的时代，厂里曾经也接到过那种等级的工作呢。"

本顿雕刻机的工作原理，如前所述，描摹大的文字底样后，机床上的钻孔刃利用钟摆原理运作，将自动缩小的字形雕刻于黄铜的毛坯料上。

如果是用同一把刀片完成全部雕刻过程，那么刀头容易折断，所以要分步进行。先用粗刀片雕出大致轮廓，再顺次更换细刀片仔细雕刻。钻孔刃的刀片要磨细很需要技术。那时候，叔父经常在阴暗的工厂里研磨刀片，而溪山和叔母就在雕刻机前不声不响地制作字模。

完成一个字模要花二十分钟左右的时间。把制作好的字模交付给活字制造商或印刷公司后，便要进入被称为"浇铸"的铸造工序。

看着自己描摹的原稿底样变成镜像文字从雕刻机中被取出时，溪山感受到一种说不出的快乐。他全身心地投入到工作中。他清楚地记得，那时与自己做着同一套流程的叔母有一次愉快地说起："男人雕的字呀，果然要粗一些呢。"

被叔母这么一说，溪山仔细对比了一番。确实，比起叔父雕的，叔母雕的字模看上去更纤细，也可能是错觉吧，不过真的很不可思议。二人以完全相同的操作完成同样的作业，为何会出现这种差别呢？他至今也弄不清其中的缘由。

在字模制造厂打了一个多月的工，溪山拿到了一笔对于初中生来说数目不小的工资，终于买到了渴望已久的"康泰时"牌二手相机。

回首当时，不禁再次感叹，对于内外文字精巧这样一家经营活版印刷相关业务的公司来说，那是最后的幸福时光吧。"那时还是初中生的我当然不会知道，当时几乎已经没有只靠活字字模维持生计的公司了。由此可见，那是家族经营的字模店能活下来的最后时期。"溪山说道。

诉此心曲的溪山，经历了自那之后的二十余载岁月,再度拜访了叔父的公司。

接触电子照相排版

中学时代有过活字字模制作经验的溪山,再一次接触印刷是高中毕业后没多久。他在招聘临时工的信息杂志上找到一份照相排版修正的工作,在做凸版印刷的一家位于板桥的工厂里上起了夜班。

第一次看到板桥工厂的车间时,溪山回忆起在叔父的泷野川工厂里的日子。心中不禁感叹:"叔父那厂子怕是不行了。那是一个不久即将消失的世界。"

他每天赶在夜里十点上工前到达板桥工厂。照相排版的修正间里,排列着四十几张工作桌。深夜作业只有四五个工人,但据说白天工人们会把车间坐得满满当当,其中大部分是女工。

排版的修正工作,是将正式开印前要修改的文字用小镊子夹住,粘贴到电子照相排版冲洗出的底片上。这是一项精密细致的手工作业。因为照相排版是将文字成像在表面涂有感光乳剂的相纸上,所以无法像活版那样组版后再单独修改文章中的某一部分。冲洗好的底片如果要改,就要将单个正确的字粘贴到错误处;有时遇到特殊汉字，还需电脑输出偏旁部首，手工拼成完整的字后再粘贴。

"后来粘贴上去的字，有的会歪掉一点，或者比原来的字更显眼。书和字典是绝不允许出现这种情况的，所以像我这种临时工主要负责杂志，杂志在这方面没那么严格。那时，可以在上市前读到 *PIA*、*HOT·DOG PRESS* 等杂志，是一份颇为愉快的工作。"

然而，溪山在深夜继续作业时，想到自己干的活儿与制作活版印刷的铅活字一样，都是印刷行业的工作，顿时感受到了时代的变迁。用本顿雕刻机以磅[1]为单位雕刻字模，在字模中浇入铅铸成活字——与此对比，照相排版的速度不可同日而语，几百几千页原稿一眨眼工夫就印好了。

溪山叔父经营的内外文字精巧，在这一时期拓展了业务范围，除原先的活字字模制作之外还做起了活字铸造。前文提到，大日本印刷公司的活版印刷部门直到2003年还在运作。那时候，活版印刷仍活跃在漫画和周刊杂志之类的印刷品上。不过，家族经营的字模店的状况就不那么乐观了。

1　活字的大小单位。

比如，原来一直在厂里订购字模的一家报社，在二十世纪八十年代就已引进了名为"日文单字铸排机K.M.T"的全自动活字铸排机。书籍印刷中胶印成为主流，字模订单不断减少。既然如此，索性就购置"K.M.T"或铸造机等设备，自己铸造活字向印刷公司交货，以寻求"活字店"的存活之路。据说这便是字模店的"续命法"。

曾在筑摩书房当过编辑的松田哲夫在《恋上印刷》一书中，对从活版排版发展到电子照相排版这一技术革新的时代背景，做过如下说明：

"1970年左右，在反公害运动中，印刷业殚精竭虑考虑对策。活版印刷使用铅等金属，会产生大量废液。而'低公害'的需求日渐迫切。与此同时，通产省[1]正在积极推进生产工程的数字化。"

此外，印刷公司推进工程数字化，工厂环境会相应得到改善，且无须再为检字工、排版工等工匠人数不足的问题而烦恼。

即便如此，仍有坚持活版排版的印刷厂能勉强经营下来，是因为活版仍有诸多电子排版不具备的优势。比如，文字修正操作简单（只需将错误的活字替换为正确

---

1 全称为通商产业省，是日本中央政府的机构之一。

的即可），平时不常用的"表外字"[1]制作起来也相对容易。除此之外，溪山还指出："胶印不适合印量少的出版物，也是原因之一。"

"在DTP问世前，其实是活版印刷的成本更低。一般来说，胶印要盈利，起印量必须达到五千册以上。因此，一百册、五百册的印刷物，活版仍是首选。如今，活版印刷还能接到诗集、俳句集之类书刊的订单，也是一种怀旧风潮吧。"

溪山放弃成为清元调的太夫，再次造访当时已改名为"内外文字印刷"的工厂时，公司的业务范围已从活字铸造又拓展到印刷了。

"据说是卖了祖传的土地后有了资金，买了设备拓展事业。叔父心中也存着一份念想吧，就算是为了已故的儿子也要撑下去。可最终还是失败了。如果连印刷业务都要包揽，那么从铸造到检字、排版，所有工序都要分工完成，相应地就需要更多工匠和新设备。

"不过，虽然与时代潮流背道而驰，但当时其他活版印刷公司接连停业，所以并不是完全接不到活儿。我也因此接触到了活版印刷。"

---

[1] 日语常用汉字表以外的汉字。

一期一会的器具

2008年夏日的一天,溪山第一次拜访了内外文字印刷迁至板桥区的工厂。印刷机和铸造机、检字间和排版间分别设在主楼之外的别的楼栋。进入检字间和排版间的那一栋,能看到楼层深处的检字间里密密麻麻地排列着铅活字。

字模、铸造、检字、排版、印刷——每个部门都有一位六七十岁的工匠不声不响地埋首于自己的工作。见识过凸版印刷的大型胶印轮转机运作景象的溪山,当下有一种时代倒退的错觉。

"总之,你先做浇铸吧。"接到叔父指示,溪山开始在一位人称O师傅的七旬工匠手下学做活字铸造。

内外文字印刷不做名片等"单页"的印刷,主要接受山田书肆、砂子屋书房等出版社委托的以诗集、俳句集、和歌集为主的"成册"的订单。印刷成册要用到大量的铅活字,铸造机几乎一刻不停地运作着。

铸造机以三百五十摄氏度的高温熔化铅块,铸造活字。因此,温度管理至关重要,若调控不当就无法做出品质良好的活字。若活字的高度不均,印刷时就会发生墨色不一的问题。这就需要工匠大展身手了。溪山跟着O师傅学习调节机器，最初的三个月都用来掌握浇铸技术。

其中，令他深有感触的是，即便与时代潮流背道而驰，印刷厂的经营者们也不肯放弃活版印刷，这或许是因为他们对活字怀抱着执念。

活字，是"一期一会"的器具。

铅这种材料质地柔软，使用过一次的铅活字高度就会发生变化。因此，业者会回收用过的铅活字，将其重新熔化、调整成分，再度投入铸造机中变成新的活字。在不断重复这一工序的过程中，溪山开始对铅活字生出了怜爱之情。

"在活版的经营者里，意外地有很多人至今还保留着舍不得扔掉的活字。因为他们认为'活字养活了自己'。我开始经营FUP的时候，也接手了一些别人舍不得扔掉的、对他们来说具有特殊意义的设备。"

与其说那是对东隅已逝的乡愁，不如说是他们不愿失去的自我身份认同。"靠着这些设备才把孩子送进了学校""它守护了我的家人"……溪山的叔父也是其中一人。溪山后来开始经营FUP时，接手了倒闭的内外文字印刷的一部分工作，因为他自己也逐渐被吸引，进入了活版印刷的世界。

不看稿检字

学了一段时间的铸造技术后,溪山换去排版师傅手下学艺。

"我可以教你,但你要自己接活儿来。"同样是一位年过七旬的工匠师傅对他开出条件。一阵冥想苦思后,溪山拜托父亲向自己订购了五十张贺年卡。"行吧,刚开始只能这样吧。"师傅无奈地笑道。溪山以自己开朗的天性和旺盛的好奇心,跟着排版师傅学习基本的作业工序。有时去参观学习检字,工人检取活字时的手上功夫看得他目瞪口呆。

在检字间的活字架上,长方体的铅活字按磅数或字体分门别类收纳得密密麻麻。在内外文字印刷,平假名按"伊吕波歌"[1]顺序排列;汉字除偏旁部首还按使用频率的高低分为"袖""大出差""小出差""小偷"。"袖"意为经常使用的文字,平常得像"衬衣从和服袖子里露

---

1 以四十七个平假名(不重复使用)编成的七五调和歌。日语的识字歌之一。据传产生于平安中期以后。也作为假名的排列表沿用至近代。

出来"；一大一小的"出差"表示要常拿出去使用的活字；"小偷"则表示"不太能撞见"的意思。真是一套风趣俏皮的叫法。

工匠左手拿检字盒与原稿，几乎不看手上，右手以惊人的速度检取活字。中西秀彦所著《活字消失那天》一书写道，作为检字工一边看原稿一边检字是理所当然的，但专业的检字高手，"能不看手上，把活字归位到活字架上，且速度与检字时一样快"，这绝技一般人难以想象。"熟练的工匠一天能检取八千到一万字呢。"溪山毫不掩饰当时内心的震惊。

"如果是三百页的原稿，检字要花一周以上。接着是排版工组版，这项作业又要三天。然后印校样、红笔修改，改校的工序一般要与出版社来回几次。

"日文的铅活字是方形，但英文不是正方形，还有注音假名的小铅字。所以，在检字间里总之就是'不能读原稿内容'，检字、排版如果读进去了文章，便没法工作。我当时就想这难度也太高了吧，忍不住惊叹，原来书籍是这样制作出来的啊。

"虽然我之前也接触过大型胶印设备，但像这样组合印章呀木头之类的东西，'啪'地按一下就能做出一本书。真是简单直接，谁都能看明白。"

FUP 的活字架

在向各部门工匠学习技术的过程中，溪山逐渐被活版印刷的魅力吸引。他后来想要自己开印刷工坊，不仅是因为这种印刷原理及前文提到的"手感"，更是为活版印刷的历史和这一行本身而倾倒。

在用铸造机制造活字的那段日子里，他开始有意识地和那些有时一整天都不说一句话、埋首工作的工匠聊天，从他们口中打听出了不少活版印刷全盛期的旧事。

活版印刷的工匠们

在内外文字印刷工作的工匠们，很多是中学毕业就出来干活的。日本东北地区出身的人居多，这是由于当时车间存在地域派别，"老家是青森的工匠，就喜欢从青森拉一些年轻人过来"，这种风气据说曾一度盛行。这是有一次收工后，大伙儿去居酒屋喝酒，工匠中的一个人借着醉意，断断续续告诉溪山的。

教给溪山铸造技术的O师傅，据说最开始在神田的一家活字活版材料制造销售公司做检字工。神田是印刷业的"圣地"，周边有各种纸店、活字店。O师傅说，自己从检字改做铸造，是因为看见铸造机转动，那轰隆作响的样子让他觉得很有意思。

还有一个排版工曾告诉溪山："今天是共同印刷，明天是凸版印刷，像这样辗转各地。听说大学里的印刷厂给的钱多，就跑去那里干活。印试卷是集中在一两个月里高强度、高密度的工作，但每个月能给到五十万日元。即便关在车间里出不去，我们也很乐意。这么一来，印刷店人手就不够了，要请其他工人过来。'拜托了''好吧，就帮你这一次吧'……不过这都是（电子照相排版出现之前的）昭和四十年左右的旧事了。"

尽管经历过严格的学徒制考验，在浑身沾满溶剂和墨水的恶劣工作环境中待过，他们内心却都有一股傲气，几乎众口一词地说，自己是靠手艺吃饭的，不是给别人打工的。

那时候，一年到头都有活儿干，总会有地方需要人。印刷工序中，排版组版的工匠人手不足成为问题，有口碑的排版工中甚至有人干起了中介，介绍工人给有需求的地方，以此谋生。

"有个家伙说是要成立公司做电话簿，挖走了所有的铸造工。那家伙现在也不知怎么样了……"七旬过半的O师傅回忆道。

靠手艺吃饭

听工匠们回忆往事，溪山这才了解到，车间里的氛围是有其历史原因的。他在内外文字印刷开始工作后感到最不可思议的是，铸造、检字、排版、印刷，各个部门的工匠相互间完全不交流。对工作上发生的一些小问题，也从不协商。

"比如，检字工检错了活字，排版工从不会直接请检字工重检，而是等到车间没人的时候，自己去替换正确的。再比如，铸造阶段往机器里放了太多油，高温溶解的油冷却后，活字粘在了一起，必须人工把连成块的活字一个一个掰开。检字工检字时看到这样的活字，也从没有一句抱怨，而是自己默默处理。

"我是后来才进厂的新人，天真地以为大家如果能更融洽地相处就好了。跟社长提到时，对方却说：'工匠嘛，就是这样的，没办法。'负责各工序的工匠们骨子里都有一股傲气，自己是靠手艺吃饭的自由职业者。自己吃饭的技术自然是绝不肯轻易向人展露的，车间现场也是不让人看的。"

他们独自一人吃午饭，独自一人午休，独自一人小酌。溪山之所以能和他们交往，是因为在他们看来，溪山不过是一个误闯进来、好奇心旺盛的年轻人,到底是个外行罢了。

据O师傅和溪山的叔母说,这种氛围从以前开始延续至今。

大型印刷公司里,在各部门有众多工匠在职的全盛期,每个部门都有自己的工会。工会间的棒球比赛每一场都战况激烈,大家动真格地较量。当然,劳动纠纷也很激烈。公司课长一级的职员,必须有能力在这种上下级行政组织中协调工人关系,促使工作顺利进行。

此外,溪山也是第一次知道,印刷技术在监狱里作为劳动改造的内容,被教给服刑人员。这也让印刷工作现场的氛围变得独特。

"有那种经历的人,有的很随和、安静。总之,活版印刷繁荣的时候,做印刷的工人不愁没人请。只要说一句我会排版,立刻就能找到工作。这一行里脾气暴躁的人也不少,要将这样一群人聚在一起就得有个组织,有了组织自然就有老大。

"自己的技术不外传,部门间互相对立,还得把这些人聚在一起……经营者不得不将工作委托给他们,也难怪人家说'活版这东西就不该碰',放弃活版从经济效益来看也是理所当然。我觉得,这是当时胶印的引进得以顺理成章的不可忽视的原因之一。"

溪山在内外文字印刷工作的那段时间，从事活版相关工作的公司逐渐消亡，而内外文字印刷也迎来了生命的终结。

他知道的活版印刷公司已经发不出工资了。组版费的单价，没有空格的一页不足一千日元。若按一页八百日元算，包含组版费和几次校对费在内，一本一百页的书，只能赚八万日元。印刷费通常是十六页收取五千到六千日元，一本一百六十页的书印五百本，也只能拿到五万到六万左右。

"工匠按五个人来算，一个月至少要接二十本书的订单，否则就付不出人工费，而实际一个月只有四五本，能坚持到现在反倒觉得不可思议。甚至还有传闻说，由于超负荷的印量加上成本削减得太厉害，有家印刷厂接到出版社的订单后反而陷入绝境，不得不关张大吉。另外，如果年纪大的工匠突然病倒，就无法赶在与出版社约定的期限内交货，很多公司因此而停业。从各方面来说，作为一个产业都已经到了极限。"

最后那天，叔父宣布说要把公司关掉，了解内情的工匠没有一个站出来反对。他们本身也是因为有抚恤金拿，才能坚持做这份工作，对此早有心理准备。到昨天为止还亮堂堂的工厂车间暗了下来，人一个接一个离开。这是一家企业，进一步说是一个产业消弭的瞬间。溪山没想到自己会见证这一幕。

如今用活版印刷的意义

溪山先生回顾在内外文字印刷的日子，像在讲述数十年前的遥远记忆。这与松岳社的青木英一先生形成鲜明对照，后者聊起曾是匠人手艺的装订界往事，仿佛是在谈及昨天。在溪山先生的话语间，我感受到他想成为活版印刷"代言人"的决心。

"叔父要关掉板桥的工厂时，面对精疲力竭的他，起初我无法开口说'把器材让给我吧'，只勉强说出：'如果要花钱处理，不如给我。'最后只带走了排版台和几张工作桌。"

据说，溪山告诉叔父自己要开FUP时，遭到了强烈反对。"我就只印一些（名片之类的）单页的东西。"这样说，叔父才好歹答应。但对于成册的书刊类，他绝不肯点头。

"叔父到现在也不赞同我做成册的书刊。不过，最近他终于松口说：'你做吧，只是别让我看见。'我想这是因为他自己因经营印刷吃尽了苦头，不忍心叫我也受那份苦，最起码不想看到我辛苦的样子。"

不过，溪山仍想尽自己的微薄之力将活版印刷的世界留存下去。这是他在内外文字印刷工作时萌生的心愿。

"总之，我想将活版做书的模式传承给下一代。一边印刷些小卡片、名片和稿纸等勉强糊口，一边接受原稿、组版、印刷，把成品书交付到顾客手中，我想保留这种经营模式。有幸在印刷厂粗略学习过各种技术，这大概是我力所能及的事吧。

"一开始就没想过要赚大钱，只是想方设法摸索收支平衡的可能性。长此以往，不久的将来肯定会做不下去，但我还是觉得这一行如果就这么消失有点可惜。"

溪山在内外文字印刷工作时，多次被提醒："不要看原稿。"工匠们说，检字、排版、印刷的过程中看进去了原稿内容，就没法工作了。但是，用老旧的印刷机印着诗和俳句，看着一张张校样被机器传送出来时，溪山不自觉地忘了手上的作业，目光开始追逐一行一行的文字，沉浸在阅读中。

"当时就觉得，好愉快呀。"说着，溪山先生发出爽朗的笑声，仿佛在说，对于用活版印刷的书，到底还是抱有一种毫无道理可言的、深深的迷恋。

用 NODE 工作的溪山先生

"活版印刷的需求并没有完全消失。有人想用活版单独印刷书的某一部分；也有人想用活版为自己制作一本珍贵无比、独一无二的书。当有人想制作这样一本书时，如果只能按需印刷（print on-demand），未免也太寂寞了吧。那时我就可以站出来说：我能用活版印。我想把FUP做成这样一家印刷店。"

约定下次再会后，我走出了溪山先生的印刷店。不经意地回头看去，街道边的那栋破旧建筑物，摆放着铅活字、排版台和那台NODE印刷机的溪山的工坊，在街道的风景中隐藏起气息，仿佛暂停了时间，试要将一个时代留驻于此。

"承接各类印刷"——写着这句话的短笺，在微风中轻轻地打着旋儿。

第四章

校阅

用校样说话

第三者的锐利目光

喝了一两口放在手边的啤酒,矢彦孝彦先生揉了揉因为睡眠不足而泛红的眼睛:"昨天是某作家的校样截稿日,那稿子可真棘手……把我累坏了。"他平静地说着,又拿起啤酒津津有味地喝了一两口,"作者用红笔在校样上改得密密麻麻,这两天我都在处理校样。作者说'看,我都给你改红了',我把校样交给编辑说'看,我都给你改黑了'。"

话语间透露出完成一项工作是何等酣畅淋漓。我感觉到,有着四十年校阅生涯的矢彦先生是一个懂得享受工作的人。

2012年6月从新潮社退休的矢彦,一直服务于该社的校阅部。年轻时在《小说新潮》编辑部负责处理司马辽太郎、水上勉、松本清张、五味康祐等一流作家的手稿，后来担任盐野七生所著《罗马人的故事》的责任校阅。

盐野七生曾拜托他："就算离开公司，也请继续看我的稿子。"可见，不仅编辑，作者也十分信任矢彦。他现在也依旧作为外部校阅人员，从多家出版单位接受工作委托。"离开公司后，好像反倒更忙碌了。"编辑们认可他高超的校阅技能，都想借为己用吧。

校正、校阅，是以作者写的原稿为依据，核对印刷好的校样、订正错误的工作。严格来说，校正是核对校样是否完整准确地体现了原稿内容；校阅则必须将内容整体梳理一遍，包括事实核查等，找出是否存在错误或矛盾、不合理之处。

单行本、杂志等印刷成书问世之前，作者会通过编辑，来回几次修改原稿。其间，需要解决原稿内容上的各种疑问，修订文章的结构脉络及语法错误。校正、校阅的工作，相当于在这一过程中投射了一道第三者的"目光"。许多错字、缺字以及误解疏忽等造成的表达上的谬误，都是通过校阅人员才得以发现的。因此古往今来校阅都是出版工作中的重要环节，对提高出版物价值有着重要意义。

追溯到很久以前,校正不仅能"提高价值",甚至扮演着左右出版物存在意义的关键角色。说起这点,有一段关于"奸淫圣经"的逸闻常被拿来作为例子。

1631年的英译版《圣经》里出现了一个非常严重的错误。问题出在《圣经·旧约》的《出埃及记》中,摩西十诫中的"不可奸淫"(Thou shalt not commit adultery)漏掉了"不"(not),结果成了"可奸淫",导致这批《圣经》大部分被销毁。校正者被予以严重处分。可见,校正、校阅是攸关生死的工作。

谈及"校正、校阅"工作,就不得不提到深受众多作者信赖的新潮社校阅部。矢彦先生曾是那儿的主任。近年,许多出版社以削减成本为由,不再设立专门的校阅部门,而是将校阅工作外包。然而在这一时风下,新潮社是有意识地保留校阅部的出版社之一。

比如,在新潮社出版了大量非虚构和小说作品的作家石井光太,在推特上介绍了新潮社校阅部深入细致的工作,一时成为热门话题。那条推特内容是:"新潮社的校阅依然厉害。小说里只是写了一句'皎洁的月光',校样上竟标注了'OK,现实中的2012年6月9日也是介于满月与下弦月之间的日子'。瞧瞧这专业意识!"

另外，在筑摩书房出版的《印刷错误读本》一书中，直木奖作家藤田宜永指出："（新潮社的校阅人员）核查稿件巨细靡遗。他们一一查阅了巴黎的道路名称，也会质疑季节的微小偏差。不光是硬伤，不熟悉情节就难以发现的错误也逃不过他们的法眼。"

他们的这些经历，也令我不禁回忆起在新潮社出版拙作《系命之路》时的事。

这本书是以东日本大地震后"道路重建"为主题的非虚构作品，记录了在横贯三陆[1]沿岸的45号国道上，人们肩负重建工程的身姿。这本书出场人物众多，内容涉及海啸警报发布时的日期、时间及天气，重建工程的耗时，当地的历史性渊源，等等，各部分内容复杂地交织在一起。

在出版社返还给我的校样上，每一个场景的每一处细节都有标注。有核查无误的笔记，也有像前文提到的质疑，并且旁边还写明了补充资料。他们核查了稿件内容本身的"事实逻辑"。

当然，作者应该对自己的原稿认真仔细地核查，避免出错。但是，初校阶段仍会存在很多因疏忽或误解导

---

1 日本东北地区太平洋沿岸一带的总称。指青森县、岩手县、宫城县三地。

致的硬伤，以及由此引起的行文矛盾。即便没有严重到像"奸淫圣经"那样要被销毁，但如果是推理小说，这些错误很可能导致诡计本身出现漏洞、无法成立；而在非虚构作品中，一个"事实性"错误未经修正便流传后世，或成为作品的致命缺陷，诸如此类的情况也不少。由此可见，对作者来说，越细致严格的校正、校阅工作越难能可贵。

然而，作者仅通过校样与校阅者交流，既不见面也不知道校阅人员的名字，这是常态。前文提及的《印刷错误读本》中，编辑鹤之谷真一写道："校阅是一份不划算的工作。因为若是书没有一处错误，便没人会意识到校阅者的存在；一旦出现错别字，校阅者就格外引人注目。"

的确如此，校阅人员是支撑图书价值的幕后工作者，是不为读者所知的出版文化的基石。那么，这样一群人，他们是在怎样的环境中工作，又怀抱着怎样的信念呢？为寻求答案，我拜访了矢彦孝彦先生。

不与人交往的孤独的劳动

我们边喝边聊，不为别的原因，正是矢彦先生本人的提议。"你看，校阅工作就是伏案看稿，不说孤僻吧，很多职员都不太与人交往。我一直说这样不行，要尽量跟人见面，最好再喝点酒，搞好关系。"

要成为优秀的校阅者就得喝酒——关于这句话的含义，稍后再请他详谈。在此之前，我想先请他介绍一下校正、校阅者的日常工作内容。

校正、校阅是十分孤独的劳动。

一旁放置着作为依据的原稿，另一旁放置着校样。原稿若非电脑录入，便要进行被称为"对校"的作业。若遇到有疑问之处，便要借助各类辞典、人物事典、网络等核查内容。

工作方式因人而异，就矢彦先生来说，一般是下面这个流程。

第一遍通读校样、把握整体内容。大致判断"这份稿件需要注意哪些方面""之后要统查哪些问题"。结束通读后，接下去再细读内容。

第二遍细读，这时才做笔记。"校阅式阅读"的基本是主要对所写内容进行事实确认、核查文章有无矛盾、情节是否符合逻辑等。重点核查文章中出现的专有名词、年代表述、季节表述、时间表述。但凡出现这类表达，便记下关键词。例如，稿子里若是写着"新叶葳蕤"，就在笔记里记下"新叶季节"；如果文中有"来到室外，闻到金桂的香气"的描写，就记下"九月至十月左右？"。

"前面明明是'新叶葳蕤'，中间并无时间推移，后面却突然出现落叶飘散的描写，这就不对了。像这样，边记录需要统查的项目、季节、专有名词、地名等，边阅读原稿。"

不论小说还是非虚构，任何类型的作品，记笔记的同时还需要做的就是制作年表。

特别是时代小说[1]、历史小说，需要准备一张很大的纸，将地点、时间、出场人物等要素一个不漏地全部写下来。比如，给"提比留""哈德良"之类的每一位出场人物都做一个纵横轴标记年龄与大事记，以便遇到"十年后"之类的表述能快速查到人物的年龄。据说，像《罗马人的故事》那种卷帙浩繁的大河小说[2]，人物关联图列出来后就像列车时刻表一般复杂。

除了基本阅读外，新潮社校阅部里擅长各个领域的

---

[1] 以明治时代以前的风俗、人物等为题材或背景的通俗小说。不同于注重史实的历史小说，时代小说更强调娱乐性。
[2] 带有历史意味的长篇小说，就像大河那样连绵不断。内容大多以家族的历史为中心描绘时事与世态。

校阅人员，还会对原稿进行更深层次的阅读。这里人才济济，有能读懂汉诗或草书的人，有熟知古典作品、古文造诣精深的人，还有擅长各国语言或了解军事领域的人。针对不同内容的稿件，需要发挥每一个校阅人员的长处与个性。顺带一提，矢彦先生是古典文学的行家。

"曾有一位不方便透露姓名的作者，要求我们把小说里青楼女子日记的部分修饰一下。作者希望编校人员能把他用现代文写的日记内容'翻译成青楼女子的口吻'。大家都说'这可是矢彦的拿手好戏'，于是交给了我。但是，使用古语辞典可以把古代日语翻译成现代日语，反过来却不行。所以，那时我读了好几部近松门左卫门的作品和同时期的文献，模仿了青楼女子台词的文风来写。说起来真是怀念啊。"

他的这段经历，不免让人觉得已超出校阅工作的范畴，但作为闲谈不予记录又实在可惜。新潮社校阅部的实力于此可见一斑。

各类作品都会经过这样一批校阅人员的检验。听了矢彦先生的故事，令我感叹的是，他们每个人都拥有过硬的专业技能，在此前提下，新潮社还充分发挥了校阅部的功能，形成了一套多次筛查、消灭错误的校阅流程。

在新潮社，通常一部书稿的初校和二校分别配有一名责任校阅。另外，还有其他校阅人员（多数是社外人员）通读每一阶段的校样。也就是说，一本单行本，有三名专业人员总共四次确认原稿内容。

另外，校阅部按杂志、单行本、文库本、出版策划，分为不同小组。一部书稿出版文库本时，会有不同于单行本的其他人员重新处理稿件。"我认为这是新潮社的厉害之处。"正如矢彦先生所说，将杂志上的连载内容做成单行本，从连载到后来做成文库本的过程中，至少有五名以上的校阅人员交替处理过该稿件。

行业里有一句话："排印错误，就像榻榻米上的灰尘，越'敲'越多。"

"那么多次反复检查，还是会发现错误，真是够了。"矢彦先生笑道。

然而，这种对作品的精益求精，是支撑以"新潮文库"为代表的新潮社出版品牌的关键要素。

通过校样与作者对话

矢彦先生认为，校正、校阅工作是找出排印错误及原稿错误的"技术活"，同时也是通过校样与作者"交流的手段",因此他一直强调:"想要成为优秀的校阅者,那就喝酒去!"

"比如,对某个字词,我们质疑'辞典里没有'。但有的作者会坚持'管它辞典里有没有,这里我就是想用这个字',他有他坚持的理由。所以,我觉得轻易地画线表示质疑,是不尊重对方的行为。

"总之,要与文本保持一些距离来提出疑问,这很重要。与编辑不同,我们校阅人员与作者几乎见不到面,对方也不知道我们的名字。我们仅通过来回的校样与他们交流。正因如此,每一处疑问都必须提得细致妥当。这关系到这位作家下一本书还愿不愿意交给我们出版社来做。"

盐野七生的一系列畅销书都在新潮社,矢彦被指定担任她作品的校阅者,也说明了这一点。对作者来说,与他通过校样进行对话的校阅者,有时同编辑一样,是一家出版社的门面。

"最近有这样一件事。"矢彦先生接着说道。他与作者之间有时会发生如此的"对话"。

他处理某部时代小说的稿件时,在校样里看到"萌木色"一词,觉得有些可疑。

"'もえぎ'汉字应写作'萌葱'吧?"带着疑问,

他翻开《日本国语大辞典》——该辞典详列了词条的典故、出处及用法，是矢彦尤为信赖的辞典——找到"もえぎ"的词条，发现汉字可写作"萌葱""萌黄"，也可写作"萌木"。而"もえぎいろ"则与他认为的一样，写作"萌葱色"或"萌黄色"。手边其他的辞典也是如此记载。因此，他在校样上圈出"萌木色"提出疑问："此处'木'疑似应为'葱'或'黄'。"（《日本国语大辞典》第二版中，引用后文提及的《贞丈杂记》，列出了"萌木色"的用例。此处以初版为依据。）

可是，之后没过多久，作者返回了校样。其他基本都同意校阅的修改建议，只有这一处仍坚持："此处希望保留'木'。之前在哪本书里看到过使用了'木'字。"

这种时候，矢彦的"校阅之魂"就开始熊熊燃烧。再次核查该处时，他先从书库翻出由物集高见编的、全二十册一套的《广文库》（大正五年至七年，由"广文库刊行会"发行并于昭和十年至十二年再版的百科事典）和谷川士清著的江户时代的辞典《和训栞》。

"在江户中期的掌故学[1]研究者伊势贞丈的《贞丈杂

---

1 日本研究朝廷及武家自古以来的仪式、官职、制度、服饰、法令等先例、典故的学问。

记》中发现有此记载：'もえぎ'被错写成'萌黄''萌葱'，正确为'萌木'。颜色也应为'萌木色'。《贞丈杂记》是老的线装书，《广文库》亦沿用此表述。另外，《和训栞》也采用'萌木色'。我大吃一惊，连忙给作者去了封信，承认确实有学者主张'萌木色'为正确的汉字。"

"每当有此类发现，那一瞬间我都觉得，能做校阅这份工作真是太好了。"矢彦继续道。

"或许是作者读过这个原典，又或者是他读过引用此原典的某篇文章。正因为有这类情况发生，所以不能只凭手头的辞典就轻易质疑。也有辞典的编纂者没有收录该词条，无从查找的情况。曾被认为正确的字也有可能出于某种理由而消失，这样的情况很多。如果作者坚持要使用某一字词，那我们首先应该考虑那份坚持背后的原因。

"就像这样，我认为校阅这份工作，最为重要的是站在作者的立场统筹全局。字词的统一问题可退为其次。为了更好地站在作者的角度思考，我尽可能地扩充见闻，平日尽量多与人交谈。家和公司两点一线的人成不了优秀的校阅者。所以，每当有人问我如何才能成为好的校阅者，我都只有一句话——喝酒去。"

那么，矢彦先生的"校阅哲学"是如何形成的呢？

入职对文学满怀热忱的出版社

矢彦入职新潮社是在1970年。

那是一个街头喧嚣的年代。从在高田马场租的公寓步行至位于矢来町的公司大楼,路上聚集了一众"安保斗争"[1]的学生。学生们朝机动队扔石头,对方朝他们投放催泪瓦斯。有时候,矢彦他们进公司前,就已经吸饱了路上的催泪瓦斯,泪流不止。

1970年也是"三岛事件"发生的那一年。这一年11月,三岛由纪夫在自卫队市谷驻屯地发动武装政变未遂,最终剖腹自杀。出版了三岛大量作品的新潮社,此时像捅了马蜂窝一般乱作一团。直到翌年三岛作品都在狂销大卖。

就在这样的时期,矢彦度过了作为新潮社校阅部一员的第一年。

出生于长野县的他,从高中时代起就喜欢《古事记》《万叶集》。比起现代文学,他觉得古典文学更有意思,理科是他的短板,一到物理、化学课的时间,他总是主

---

[1] 因反对修改《日美安全保障条约》而爆发的日本国民斗争运动。第一次发生在1959年至1960年,后由于条约的期限延长问题又在1970年爆发了第二次反对运动。

动去看管柴火炉。矢彦笑着说道。

他的母校松本深志高中因校风粗犷而闻名，即便在零下十度的雪天也穿木屐。隆冬腊月，腋下夹着一本《古事记》或《万叶集》，踩着木屐在雪地上行走的男人，就是矢彦。

他大学想学日本文学，于是高中毕业后进了国学院大学的文学部。

学生时代他曾在出版社角川书店打工，帮忙做辞典编撰。有过这一经历的他，在心里模糊地描绘着将来进出版社工作的蓝图。他的家乡盐尻市（旧筑摩郡）出了一个创办筑摩书房的古田晁，这也是他对出版业界心生向往的原因之一。

"角川那时候正巧不景气，不招应届毕业生，筑摩也是相同的状况。不过，筑摩书房这边因多了一层同乡之缘，古田先生直接联系了我，说：'对不住，没法录用。现在需要一名校正人员，但校正的工作难度相当大，所以我们要找有经验的人。你这样的应届毕业生不行。对不住了。'那是我第一次听到'校正'这个词，第一次思考'何为校正'。"

之后，一筹莫展的矢彦去学校的学生科咨询，收到了一纸招工单，这才去参加了新潮社校阅部的招聘考试。

当时毕业生找工作,应聘履历上通常有"校长推荐"或"院长推荐",成绩优秀的学生才能拿到推荐。矢彦自嘲自己的成绩是"卡夫卡全集"[1],凭此当然拿不到推荐。跑去咨询时,学生科的职员思考片刻后说:"新潮社不需要推荐。你现在能投的就只有这一家。试一下吧。""这样啊……好,明白了。"矢彦说着正要转身离去,职员接着说:"是家很好的公司,很有家庭的氛围。"

新潮社的招聘考试,从那时开始就是编辑部门和校阅部门分开进行的。

现在的校阅部门考试,一般考一些实际校正工作中需要做的事,比如对照作者手稿与印刷校样,或是只通读校样指出疑点和错误。小说、非虚构作品各有一套试题。另外,还会出一些一般知识类题目。而矢彦那时候的考试,不考校正的实际技巧,只有两套作文题,分为文学系和语言系,对专业没有特别要求。

面试时,当时的新潮社社长佐藤亮一问了矢彦一个问题:"你觉得大江健三郎怎么样?"新潮社从几年前开始陆续出版大江健三郎的作品,社长似乎很在意大

---

[1] 日本大学的成绩评价通常分为"秀""优""良""可""不可",日语中"可"与"卡"发音相同,"不可"与"夫卡"发音相同。此处意为矢彦的成绩单全是"可"或"不可"。

学生的评价。佐藤亮一是领导层中唯一一位才四十几岁的,他精神抖擞、目光锐利地注视着面试者。幸好矢彦在一个立志成为小说家的朋友家中零碎地读过一些,当场对大江健三郎的作品简单地发表了自己的看法。

当时的小说杂志里,能看到被称作"第三新人"的远藤周作、吉行淳之介,以及他们下一代的作家石原慎太郎、开高健等人的名字。矢彦至今仍对当时佐藤社长的问题记忆犹新,是因为那时他感受到了"文学畅销的时代"的那种喷薄的热情。

正式入职新潮社后,面对文艺色彩浓厚的社风,他手足无措,很久才适应过来。

"总之,老编辑们很恐怖,"矢彦先生怀念地说,"当时感觉编辑比作家还了不起。烟雾缭绕的编辑部内,坐着斋藤十一、野平健一等名气比作家还大的编辑。作家见了他们都是要闭嘴的。在这些名编辑的言传身教之下,后辈编辑也以从事文艺工作为荣。"

他们把同小说家的交往看得比什么都重要,自身也很有文艺气息。这样一群编辑三五成群去酒馆喝酒,围绕作家、文学,从半夜聊到天明。

"现在已经没有那种氛围了,我在那个时期就进了校阅部,在我眼里那就是出版社该有的样子,也是最好的样子。"矢彦先生回忆道。他还说当时的公司正如在学生科听到的那样,很像一家人,有点家庭手工作坊的味道。特别是小说杂志编辑部,或许是完好地传承了创始人佐藤义亮的精神,还保留着"佐藤商店"的氛围。

经营管理层对待每一位员工都很亲切,比如,矢彦当时所属的《小说新潮》编辑部,特刊发行那天会发红包。那似乎是专务自己的零花钱,从办公桌的抽屉里拿出一沓纸币,分给编辑部的每一个人。

"大家拿去神乐坂喝酒吧!"

进公司才第二年的校阅部新人也有红包拿,对此矢彦心怀感激。在那个第一笔到手工资是三万八千日元的年代,矢彦手里攥着五千日元的红包,和伙伴们畅饮庆祝。在那样的日子里,他渐渐对新潮社这家公司有了感情,建立了信任。

重视校阅的社风

现在,新潮社校阅部有一个培养新员工的机制。刚入职的校阅人员一般首先被分配到《新潮》或《小说新潮》部门,与资深校阅人员面对面工作。

"有一段时间,编辑部的编辑也会被安排到校阅部,学习校阅的相关知识、技术。但刚入职的年轻编辑大多意气风发，认为自己就是来当编辑的，让他们去做校阅简直像一群无头苍蝇不知所措。反倒是做过一段时间编辑之后，才能理解校阅的重要性。因此，在新潮社，编辑就是编辑、校阅就是校阅，职责分工明确。"

如前文所述，原稿易错处和要统查的项目，有一些常规的类型。以前原稿是作者手写，单纯笔误的情况很多，加上那时是活版印刷。比如，检字阶段工匠检取了错误的活字，或者活字本身品质不良，印出来的铅字出现飞白、印不实的情况。找出这类错误是校阅的重要工作。而在文字处理机普及之后，快速找出录入错误也有诀窍。

新人校阅在第一年，会就近观察学习前辈的工作，掌握最基本的校正、校阅技巧。不过，在《新潮45》（2015年2月刊）的特辑《"出版文化"才是国之根本》中，新潮社的常务董事石井昂说："做校阅，入行二十年才称得上专业。"（《图书馆的"锦旗"压垮出版社》）由此可见，最开始跟着前辈学习的一年，不过是此后漫长校阅生涯的起点。

矢彦刚进公司那会儿，还没有现在这种新人培训机制。校阅部在办公楼的四层，同一楼层还有《艺术新潮》

《新潮》的编辑部。校阅部里各类事典、辞典、年鉴堆积如山,校阅人员正一声不响地核对着原稿和校样。

"当时几乎对校阅是怎么一回事一无所知,也没有任何经验。"矢彦回忆道。

刚进公司,一沓巨厚的、名为《麦克阿瑟的日本》的校样,立刻被交到他手上。这原是《周刊新潮》上的一个连载,现在打算做成单行本,上下两栏排版,四多百页。矢彦接到指示说:"从这个稿子开始,试着做校正吧。"

"那个年代就是那样,根本没人教我要做什么。原本应该做笔记、核查事实、核对年号等,但我完全不知从何入手,就一行字一行字地看过去。过了没多久,部门负责人来问进度:'这本书进展到哪儿了?'我只能反问对方:'我该做什么呢?'……结果,在调到《小说新潮》之后,我才在实际工作中开始逐渐学习校阅知识。"

如今回过头去看,并不是校阅部的前辈,而是编辑部的编辑教会了他校阅技术,矢彦继续说道。

"我刚进公司那会儿,小说杂志的编辑们都是自己校阅自己负责的作者的作品。他们的校阅水平完全碾轧现在一些水平不错的专职校阅人员。我们当时也是一面顶着编辑的骂声'这稿子，谁校的！'，一面完成校阅工作。这也说明，他们对校阅工作极其重视。"

那么，新潮社这种"重视校阅"的社风从何而来呢？石井昂在前文提及的文章中指出："校阅部坐拥大量的校阅人员，除此之外，还积极启用外部校阅者，一年要花掉八亿日元。"

"新潮社为何从以前到现在，一直如此重视校阅部门？"我问道。矢彦先生回答说："扩充校阅部门，让自己社里的出版物都能由自家校阅人员负责。据说，新潮社会形成这一传统，是因为创始人佐藤义亮本人是一名编辑的同时，也曾是一名在印刷厂工作的校正人员。"

以文学立身

在日本出版史上，新潮社的创始人佐藤义亮是一位名垂青史的人物。

1878年，义亮在秋田县仙北郡（现仙北市）角馆町出生。据《佐藤义亮传》（村松梢风著）记载，义亮家在那个极其寒冷的小镇经营一家杂货铺子。父亲为吉脾性古怪，喜欢用《论语》中的词句给货架上的商品命名，在他们家乡也是少见的读书人。

义亮从小阅读父亲订的报纸、佛教杂志，青年时期开始以文学为志业，在博文馆发行的杂志《笔战场》上发表文章。后来，战争爆发。他读着报刊上著名战场特派员的文章，了解到"血腥战场，以笔为剑、以墨为锋，令士气大振"。按捺不住对文学的热情，十八岁的他与两名同学结伴前往东京。

最开始，他送过报纸、送过牛奶，收入只能勉强度日。有一次，他在市谷的秀英舍（现大日本印刷）大门口看到了招工海报。说来也巧，那正是秀英舍研发自家的首个印刷字体"秀英体"的时期。

最初，义亮被分配到了秀英舍的印刷部门，干的都是体力活，握着沉甸甸的把手转动印刷机、清洗墨桶。日薪只有微乎其微的十五钱。结束当天的工作后，他会离开工厂前往位于神乐坂的书店，如饥似渴地阅读书刊杂志。"那儿就是义亮的书房。"

后来，他的人生迎来了转机。田冈岭云主编的文学杂志《青年文》的投稿栏的头条，刊登了他以笔名"佐藤橘香"投稿的一篇文章。这件事他未曾向任何人提起。

虽然没有可以分享喜悦的友人，但有一天，秀英舍的老板把他找去，桌上放着一本《青年文》。当时的情形在《佐藤义亮传》中如此记述道：

"你的号是'橘香'吗？"

"是的。"

"那么，这篇《青年文》上的文章是你写的？"

"是的。"

义亮一动不动地杵在那儿，声音嘶哑地回答道。

"果然是你啊，写得真好，我很是佩服。"

老板爽朗一笑，拿起《青年文》一面翻一面说："像你这样有如此文采的人，在我们这儿竟只是最基层的工人，真是我的失职。"

据说，义亮当天就被调去做了校正员，日薪立刻涨为三十钱。当了校正员，就可以第一时间阅读作家的原稿。对这位出身于秋田的寒冷村庄、怀抱文学梦想到东京打拼的十几岁的青年来说，这是何等喜悦。

尾崎红叶、幸田露伴、山田美妙、斋藤绿雨……义亮一边看着这些憧憬已久的文坛名人的原稿，一边做着校正工作。渐渐地，他开始对出版事业产生了兴趣。（中略）校正工作做久了，自然对出版、印刷也了解渐深，对文坛动向也看得更加分明。他对出版事业兴趣渐浓，最后终于下定决心趁着新文学蓬勃兴起之际，创办自己的文学杂志。于此，义亮第一次确立了明确的人生目标。(《佐藤义亮传》)

那之后，"他经常是残羹冷炙果腹充饥，连烤红薯都吃不上"。他节俭度日，储存资金。房东那家的女主人，也就是秀英舍印刷部长的妻子，把他这份热情全看在眼里，给了他一些资助。义亮在十九岁时成功创办了杂志《新声》。那时在牛込[1]租的六叠榻榻米大的房间，就是今天的新潮社的开端。

矢彦先生说："佐藤义亮创办文艺杂志时，自己就是印刷厂出身，对活字有着不同寻常的感情。更何况，那之后他手握红笔，亲自做了相当长时间的校正工作。创始人自己就是校正者，正是这一点成就了新潮社的传统吧。

阅读手稿，窥见作者思考的足迹

矢彦最初负责《麦克阿瑟的日本》的校阅工作，在

---

[1] 地名，位于东京都新宿区东部。

单行本部门待了一段时间后，作为《小说新潮》的校阅人员开始真正积累校阅经验。

"那是个小说杂志只要出版就能狂销的时代，可真是朝气蓬勃啊。"

司马辽太郎、松本清张、黑岩重吾、水上勉、池波正太郎、五味康祐……那时候矢彦每天都把杂志上连载的作家新写的手稿，与印刷校样对照阅读。

面对还散发着墨水气味的稿纸，他总会被一股无法言喻的紧张感侵袭。那是只有在面对作家亲手写的原稿时，才能体会的身临其境之感。从作家的手稿上，才能感受到每个文字独特的形态和笔力的强弱。

"作者在 A 这句话下画了横线，修改成 B 的表述。稿子看到后面，如果再次出现与 A 相同的表述，那我就会留意：这里作者其实也是想用 B 的表述吧？就像这样，阅读手稿可以窥见作者的思路。曾经这是极其重要的工作。"

换言之，对校阅这项工作来说，第一手资料就是作者的手稿。校阅者要一面体会作者思考的过程，一面与其融为一体，进入小说中的世界。那种心潮澎湃，"是难能可贵的体验。阅读作者手稿这项工作本身，一定程度上也提高了校阅者的能力"。

直至今日，各式各样的作家手稿仍清晰地刻印在矢彦的脑海中。

比如五味康祐，他因创作以柳生十兵卫[1]为主人公的剑豪小说而闻名，与太宰治和横纲力士男女川[2]并称"三鹰三奇人"。一般作者修改原稿，是在句子下画线，在一旁空白处修改。而康祐修改稿件时，习惯在另一张稿纸上写下新的句子，用剪刀剪下，贴在原稿件上，自己制作一份"完成稿"。并且他还会在稿件上以红色、蓝色铅笔作出"换行""减小空距"等详细的指示。据说，他的这种细致源自曾在印刷厂工作的经历。想象着将剪刀、胶水放在一旁处理原稿的作者的身影，矢彦做校阅时也不自觉地充满了干劲。

再比如，池波正太郎的稿件，也有红色、蓝色铅笔的修改痕迹，特别细致。"那位老师的稿子，空白处标明了'此处占三行'，后来排出来就真的只占三行，完成度极高。而且他交稿很快，如果是连载作品，他一定会提前一期把内容交过来，总有备用稿。跟他合作特别顺畅。"

---

[1] 江户初期的著名剑豪，有许多以其为题材创作的故事或小说。
[2] 原名坂田供次郎，身高一点九一米，体重一百四十八公斤，是第三十四代横纲。

相比之下，松本清张、井上厦他们就有点难搞了，矢彦说。

井上厦是出了名的"慢笔"。据说矢彦在《小说新潮》时，甚至有编辑在临下印前赶到印刷厂说"井上老师又发来了一行字"的情况。不过，之所以能如此，也是因为他的原稿没有错误且字迹端正。有的作者手稿的字迹就像草书，几乎所有字都连在一起；有的作者的字迹，社里只有少数几个人能看懂。发来一行字就当场去印，在大多数情况下不可能行得通。

"说到慢，松本清张老师的稿子不仅慢，还出人意料地有很多错误，导致我们工作极其困难。说出来或许大家不太相信，清张老师对东南西北和时间的记述很是随便，我们必须仔细核查。所以，我至今都不敢相信是清张老师写了《零的焦点》。给他指出错误，他就回句'是吗，那帮我改一下吧'，实在是一位不拘小节的人物。"

矢彦印象最深的是司马辽太郎的手稿。

他的手稿是五颜六色的。内容本身几乎没有错误，非常细致，但稿纸上密密麻麻全是彩色的修改痕迹。这种做法着实有趣。他在稿纸的中间部分写下正文，在留出的空白处修改。不仅有红色、蓝色，还有绿色、粉红色、紫色的笔迹，简直就像"少女的信笺"一样五彩斑斓。"最神奇的是,他一页的字数,编辑拼命数到最后,大致刚好就是一页稿纸的四百字,堪称绝技啊。叫人不得不佩服,这人脑袋到底什么构造!"

在来回修改校样、与这些个性千差万别的作家沟通的过程中,矢彦体悟到校阅这项工作的意义,并培养了高度的专业意识。与编辑一样,校阅也是最先读到作者原稿的读者,肩负着重要的职责。编辑是书的策划者,将书送至读者手中;而校阅是从读者的角度来阅读、检验书的质量。

"如果自身没有丰富的学识,面对作者就会败下阵来。要以校样一决胜负,所以也会有胜负心,他们不了解的地方,我必须都指出来。"

为了做出优秀的图书,每个人都全力以赴。

作者创作,编辑和校阅审读,反馈疑问给作者,再一起解决。校阅是为作者服务,更是为读者服务。

矢彦作为一名校阅工作者,逐渐积累了这份骄傲与自豪。此后四十多年的职业生涯中,他待过《周刊新潮》,也待过单行本、文库本部门。在多次调换岗位后,他成了新潮社校阅部的主任。

如今,退休后的他,仍作为外部校阅者继续工作。回顾一路走来的岁月,矢彦先生说:"出版业界有削减校阅部这一非生产部门的趋势,但是我认为,校阅部就是出版社的良心。随着网络普及,写作成为一件没有门槛的事情,正因如此,校阅工作的社会性价值也在不断增加。"

"校阅是出版社的价值所在,是出版社的良心。"——矢彦先生说着,又将酒杯端到了唇边。专注校阅工作四十年,这便是他得出的结论。

第五章

用纸

所有的书都是纸

作为工业制品的书

海风一刻不停地刮着,太平洋冬日刺骨的寒风中夹杂着一股纸浆的气味。工厂内残留着星星点点的白雪,发电设备喷吐出白色的水蒸气。抬头望去,飞向高空的水蒸气,像融入了稀薄的云层,消隐无踪。

从这座高达六十米、状似铅笔形火箭的塔楼上,可一览八户市的临海工业带。这座塔楼就是工人们所说的"连续式蒸解锅",放眼望去,四五万坪[1]的占地里,排列着三菱制纸工厂的各式设备,哪一个都巨大无比。

这里停泊着澳大利亚来的巨大货轮,运来的石炭在

---

1 一坪约为三点三平方米。

圆顶仓库里堆积如山。工厂内同样堆积如山的木片，被传送带送入蒸解锅内。

前边的厂房里，运转的抄纸机发出轰鸣，纸浆正以惊人的速度流动着。在工厂内，这一系列工序有固定的流程：纸浆形成纸幅，把纸幅卷成纸卷，再以规律运作的气压刀将卷取的母卷分切成客户需要的直径、门幅，装入货车运往全国各地。

我脚下的塔楼就是蒸解锅。"蒸解"是制造纸的原料即纸浆的最初一道制作工序。木片的原材料主要是桉树。将桉树捣碎成小块薄片，倒入蒸解锅顶部，加入苛性钠或硫黄化合物等药剂，蒸煮五个小时成为纸浆后使其慢慢滴漏下去。

所谓的纸，是从浸泡在水里的植物中提取出纤维成分，抄造后烘干而成。从熬煮的木片中分离出多余的树脂，只留下纤维素漂白成纸浆。这纸浆便是我们日常阅读的书籍、杂志的内文纸的原料。

如此俯瞰造纸厂里的大型设备，我深深感受到一本书就是工业制品。它诞生自庞大的量产体系。

那些我们在学生时代读过的、珍爱的小说，幼年时代小心翼翼抱进卧室的绘本，还有少年时代随手插入书架、长大后一直舍不得扔,如今已成为房间风景一部分的著名作家的全集(那是去世的父亲生前从旧书店搜罗来的)……当我手捧这些书,去追溯每一本背后的渊源和故事,从未想象过这一切的源头有澳大利亚或智利的桉树,有堆积在巨大货船上的石炭,还有在高温、潮湿的房间里运转的抄纸机。

对活在当今时代的人而言,"纸"太过习以为常。然而,制作这习以为常的纸的工作现场,倾注着各类做书人的深情。充分认识到这点,是在发生东日本大地震的2011年的秋天,我第一次拜访三菱造纸八户工厂的时候。

当时,为撰写《复兴的书店》一书,我走访了东北受灾的几家书店。采访了受海啸袭击、几乎所有商品都被冲走却依然想坚持配送图书的书店员,地方报社的记者和小出版社的经营者。这些人虽然身份、立场不同,但都竭力想将书送到读者手中。采访过程中,我对造纸厂的受灾和复兴状况产生了兴趣,想要一探究竟。

震灾让我们认识到,平时我们习以为常的很多东西,都诞生自我们不曾留意的基础设施。"纸"便是其中之一。

东北出产的书籍用纸

日本的书籍用纸,与东北特别是受海啸危害严重的三陆沿岸缘分很深。这是因为图书内文使用的"上质纸"[1]、杂志的卷首彩插和广告传单使用的"涂布纸"[2]大部分都在石卷市的日本制纸石卷工厂以及前文提到的三菱制纸八户工厂生产。后来,佐佐凉子女士写了一本叫《以纸为桥:日本制纸石卷工厂灾后复生记》的书。

书籍内文用纸中还有一些只能在个别工厂生产的特殊产品。因此震灾之初,常听到编辑和出版社的原材料采购人说,担心内文用纸不足。

那次地震,三面涌来的巨大海啸袭击了日本制纸石卷工厂,二十几间民房被冲入工厂内。灾后他们花了一年时间修复抄纸机。而位于临海工业带的三菱制纸八户工厂也遭受了巨大破坏。当时前往附近高地避难的员工不觉失声说:"厂子要完蛋了。"

袭击八户工厂的海啸高达四点八米,工厂内外散落着木片、纸卷、纸板、小汽车和货车,还有被海潮冲上

---

1 完全以化学纸浆为原料的高档印刷用纸。
2 在原纸上涂敷了涂料的纸,表面光滑有光泽。

来的鱼。海啸退去后，抄纸机陷入了沉默，总是朝气蓬勃、轰响不停的工厂变得阒然无声。

但是，地震过后，八户工厂只用了仅仅两个半月的时间就让一台抄纸机恢复运作。在那次采访中，让我至今印象深刻的是，工人们异口同声地谈及时隔一个月再次启动发电设备那一天的光景。

工厂的气息

八户工厂拥有大约两千名员工，实行三班倒的制度，是当地重要的提供就业岗位的企业。它于1967年开业，作为八户市第一家招商引资到本地的企业，起步时只有两台抄纸机。

原本八户市钢铁、水泥等工业很发达，本地对富有文化属性与技术含量的造"纸"工业饱含期待。临海工业带被称作"八户的西伯利亚"，在这种苦寒之地，冬天自不用说，即便春日来临，海风还会夹着雪和沙尘飞舞，冻土融化后的泥泞也会妨碍工程的进行。镇上没有足够给负责工程的大批工人留宿的设施，因此在工厂用地内的海岸建造了一处叫"蔬果村"的临时住房。

虽说异常简陋，"一刮风满屋子都是沙，一下雨铁皮屋顶吵得人睡不着"。不过,"岸边是盛放的月见草,海面上星星点点的渔火,捕捞乌贼的渔船若隐若现。这种风情,给工人们心间添上了几抹温柔。夜晚,他们推杯换盏,畅谈八户的未来。如此种种,叫人难忘"。——三菱制纸的社史上如此记载着。

历时两年的艰难工程结束后,八户工厂终于建好。此后的大约半个世纪里,它不断扩大规模,如今已成为拥有七台抄纸机的大型工厂和为当地创造就业岗位的支柱企业。

工厂开业以来,厂里自己的发电机一年中除去定期检查的几天,从未熄火。正因如此,灾后近一个月烟囱都没喷出过白色蒸汽,让工人和周围居民都觉得工厂死了。

2011年4月4日,锅炉和发电机重新启动。据说这一天,位于工厂西南部的烟囱开始喷出蒸汽时,厂里的人都不自觉地停下手上的工作,抬头看向天空。"那宛如复兴的狼烟。"当时在场的一名工人如此回忆彼时的心情。从高地的员工宿舍坐班车去工厂换班的工人中,有人凝望着缓缓飘升的蒸汽,忍不住热泪盈眶。"我们要让厂子活过来。"他们心中重新燃起了希望。

5月24日,八户工厂的第一台抄纸机恢复运作。

透明玻璃的操作间里，工人按下了按钮，抄纸机的转速开始缓慢提升。工人们屏气凝神，在一旁注视着，下一秒他们激动地互道感谢。纯白的纸浆迅猛流动起来，自沉睡中苏醒的机器仿佛也在祝福着他们。

岁月如梭，那之后四年过去了。我再一次站在蒸解锅顶端俯瞰工厂。回想那时工人们说过的话，我意识到自从来过这儿之后，我对书的感情就发生了变化。从那次海啸袭击三陆沿岸之后，从我听过灾后重建的故事之后，每当我在书店买下一本新书时，都不禁会去想这本书用的纸来自何方，思绪便飘向了东北震灾区。

我们留心一下就会发现，书籍的内文用纸种类繁多。手感的顺滑度，翻页时的柔韧性和弹性，以及纸厂工人说的"泛红""泛蓝"的色调。不同纸张追求的效果也不同，有的会刻意体现一种"朴素感"，有的则着力呈现一种"高级感"。同时，厚度、挺括度也都有多种可选择的类型。

"从读者的角度来说，是购买一本书的内容，没有人会认为在书店买了一沓纸对吧。但是，他们阅读时都是在看我们生产的纸。"带我参观工厂的西洋纸事业部的中村祯男先生说道。

用木片制成纸浆，抄造脱水，脱水后的纤维制成薄

八户工厂内的风景（筑摩书房编辑部摄影）

片——这便是纸，如此质朴。然而，一旦在纸上印刷上内容，再将其装订成册变为书籍，纸便会生出丰富多彩的价值。若将"写"视作为书注入生命的行为，那么"纸"就是孕育生命的底座。即便是没有印任何文字的、雪白的、厚厚的一册纸样，它的每一页上也都写满了纸张研发人员的故事。

在造纸现场工作的人，在这质朴的商品中倾注了怎样的感情呢？东北改变了我对书的认知，循此因缘，时隔四年我再次造访八户工厂，想再一次聆听他们的故事。

书籍用纸的革命

三菱制纸已有近一百二十年的历史了。三菱财团第三代总裁岩崎久弥，收购了美国人沃尔什兄弟位于神户三宫的造纸公司，后创立了三菱制纸。

沃尔什兄弟是从美国到印度再到中国上海做生意的贸易商。《日美修好通商条约》签订后，他们来到了日本长崎。纸的原料过去通常是人们穿旧不要的衣物，但是在欧洲，随着纸张需求的增加，废旧布料出现了不足。沃尔什兄弟因此将目光投向了穿棉织和服的日本人，这便是他们事业的开端。

后来，沃尔什兄弟陷入资金困难，对其伸出援手并将欧洲生产的抄纸机引进日本的，就是岩崎久弥的父亲、三菱财团的创始人岩崎弥太郎。正是明治时期的实业家与周游世界、野心勃勃的贸易商的相遇，才有了日后以"三颗钻石"为商标的知名企业三菱财团。

在三菱制纸的漫长历史中，有各种各样关于纸的逸闻。在此，我特别想抒笔存录的，是一项为日本的书籍用纸带来革新的研究，以及为这项研究奉献了十几载岁月的技术人员。二十世纪八十年代初，作为制纸公司中的先驱，三菱公司实现了书籍用纸从"酸性纸"到"中性纸"的更迭。

曾经图书的物理寿命只有短短十几年。这么说，大家或许会很意外。但是，二十世纪中期，欧美图书馆里的藏书大量泛黄劣化，最终书页从四边开始烂成碎片，引起了社会的广泛关注。

据三菱制纸社史记载，发现这个问题时，法国国家图书馆所藏的一千万册图书中，已有六十七万册书因纸张劣化而无法阅读。某杂志将这种神秘的图书纸张劣化现象称为"腐蚀世界记忆的慢性病"。

美国的图书馆事态更加严重。在美国有六百万册图书（藏书的三分之一）产生劣化现象，其中有两百万册已"根本无法阅读和复印"。那些图书纸张已失去韧性，稍用力触碰便像枯叶一般碎裂。

为何会出现这种劣化现象呢？而且不可思议的是，损害严重的集中于十九世纪后半叶之后印制的书籍。更早的时代如笛卡尔或蒙田的书就平安无事，而雨果、普鲁斯特的作品就变得残破不堪。

经专家们调查研究，发现原因出自用于制造纸张的酸性物质——硫酸铝。让纸呈"酸性"的硫酸铝，对造纸业来说是极其便利的优质原材料。印刷用纸为防止油墨渗透，有一道将松香（天然树脂之一，"施胶剂"[1]的一种）涂在纸上的工序。

硫酸铝作为松香的固定剂，使用方便且具有吸附纸浆中污渍的作用。硫酸铝因其价格便宜又能提高纸的质量，从十九世纪中期开始，作为对世界造纸业来说不可或缺的物资而得到广泛使用。

然而，过了一个世纪，仿佛是为了让人们付出此前只图便利的代价一般，硫酸铝开始使纸张显著劣化。纸

---

1 一种造纸添加剂，可提高纸张抗水、抗油、抗墨等性能。添加施胶剂可以提高纸张的平滑度、强度，延长使用期限。

张由于酸化而纤维断裂、失去韧性。

不同时代的图书用纸劣化程度不一，其关键原因就是内文用纸是否使用了硫酸铝。日本的劣化比欧美迟了二十年，1900年前后出版的书，以及战中、战后物资匮乏时期的书，缺损尤其明显。国立国会图书馆率先关注了"酸性纸问题"，很快便在全国引发了热议。

要解决酸性纸的问题，理论上来说非常简单。只需摒弃硫酸铝，使用具有相同性能的非酸性物质即可。然而，言之易，行之难。八户工厂和中央研究所从开始新的书籍用纸的开发，到成功实现产品化，花费了十几年的时间。

制作商业纸的难度

三菱制纸的前执行官日比野良彦先生，现在作为特聘研究员，主导八户工厂和中央研究所关于纸的中性化的研究。乍看之下，他有种镇定平和的气质——造纸业的人大多如此——一旦聊起纸，便兴致盎然，立刻凑近了些，开始对我诉说往事。他语气激动，让人深刻感受到其发自内心对纸的热爱。

"那时我是个刚进公司不久的年轻技术员，被分配到了八户工厂的技术部。"

除作为主力的八户工厂外，三菱制纸还有位于东京都葛饰区的中川工厂（现已关闭）和兵库县高砂市的高砂工厂等。

有一天，课长把他叫了过去，说公司要启动一个新项目，将八户和中川的"酸性纸"更换成"中性纸"。当时八户工厂是印刷用纸的生产据点，而中川工厂是书籍用纸的主要制造地。

"你来负责吧。"突然接到指派时，进公司刚第二年的他，觉得这是一个千载难逢的机会。但大部分同事都认定实现中性化近乎天方夜谭，他也十分清楚这个项目异常困难，不能按图索骥。

如果只是少量生产，制作中性纸并没有那么困难。比如，写在和纸上的文字，历经千年仍保存完好，无碍阅读。因为和纸以小楠树、黄瑞香、黄蜀葵等植物为原料，不含让纸劣化的酸性物质。

但是，造纸业是使用大型机器量产的重化学工业。产品稳定而高效的供给乃第一要务。本来就是便宜的产品，成品率比什么都重要，控制成本自不必说。在漫长的制作过程中，纸里不能混入一丁点脏污，还必须具备足以承受胶印轮转印刷机高速印刷的强度，同时也要兼备书籍用纸的上乘手感和易翻阅的特性。

虽然别的公司也在研发中性纸，但是要让印刷用纸具备以上全部条件难于上青天。

"我们公司从以前开始，为出版社生产图书用纸就是主业。如果是宣传单、报纸，劣化或许不成问题，但图书不行。毕竟是生意，如果率先研发成功就有了优势，客户也会开心。这是我们当时的考虑。"

在那之后，他每天都把自己关在八户工厂一角的研究室制作试制品，配比了成千上万种化学物质。

"最初的作业是孤独的。周围所有人都认为纸的中性化是天方夜谭。代替硫酸铝的原料都毫无头绪，更不用说药剂配方了。即便找到替代品，还必须从零开始研制各种药剂的配比，实验无数种搭配组合。不过，"日比野先生露出无所畏惧的笑容，继续说道，"那时的我年轻气盛，对那种困难简直乐在其中。"

流入抄纸机中的中性纸

其实早在数年前，美国造纸业就开始了对酸性纸问题的研究。他们拥有世界上最先进的中性纸研发经验。日比野的研发小组首先做的就是对其进行考察、学习。

其间，他们发现了一个关键课题，即如何成功运用不含硫酸铝的新的施胶剂（AKD中性施胶剂）。长久以来，造纸过程中使用的松香胶，若非酸性物质便无法固定。因此少了硫酸铝的松香胶自然无法涂布，这实乃研发的一道难题。

他们注意到了碳酸钙。这是一种具有强碱性、能够增加纸张的白度、柔软度、遮蔽度的材料。在日本国内也库存充足，且价格便宜。于是，他们以碳酸钙为基础，试着加入其他药剂，不断尝试配比，制定了以实现中性纸量产化为目标的方针。

造纸用的添加剂，除施胶剂外，还有增强剂[1]、凝集剂[2]、助留剂[3]等。寻找这些药剂的适当配比，仿佛是用手摸索着，将无数零散的碎片拼合成一幅巨型拼图。

混入纸浆中的添加剂又称"浆料"。研发期间，每一次浆料调配完成，日比野先生都会用研究室桌子上的手动抄纸机进行抄纸。然后把湿纸烘干到标准干燥度，确认触感和韧度，每次他都说着"这样不行"，又拿起烧杯，重新开始调配下一个试制品。

1　增加纸强度的添加剂，主要分为湿纸增强剂和干纸增强剂。
2　使溶胶凝结的添加剂。
3　提高填料和细小纤维留着的添加剂。

"在纤维中添加化学药剂,增加纸张韧度的同时,吸水性也会增强。这样一来,干燥时间延长,生产效率会大大下降。但如果只注重干燥速度,纸的韧度又会减弱。光是找到最佳平衡点已大费周折。另外,书的纸不是纯白的,而是需要掺进些黄色或红色。手动抄纸时,无法一次上色,要抄一次滤一次水,再浸染再抄,反复十次,才终于能完成一个试制品。"

如果在量产用的抄纸机上"试抄"试制品,一次就要花费数百万日元。在手动抄纸机上做出满意的试制品后,日比野先生会汇报给领导,接下来在量产抄纸机上测试。他怀着忐忑不安的心情按下了开关,白色的纸浆迅猛流动起来。然而有时却并不能达到预期的韧度,原以为能连续不断流动的纸幅却中途断裂。

"这样的配比,能做出纸吗?"在热气蒸腾的抄纸机前,经验丰富的操作员呵斥道。日比野先生只得再次返回研究室,晃动起烧瓶。

"有的试制品,眼看可以去量产了,却到最后的最后,又必须从头来过。那种时候,真的很绝望,觉得自己真的不行了。但是事到如今只能硬着头皮干下去。于是重整旗鼓,一次次地调整配比。数不清到底重复了多少次那个过程。"

这样的日子过了整整三年。1982年，日比野先生终于成功研发出了中性纸。

那一天，在八户工厂最小的二号抄纸机上进行了量产测试。厂长以下的高层全都站在抄纸机前，见证着纸浆流入充分预热后的机器中的那一刻。

日比野先生至今仍记得，抄纸机上白色纸幅就像卷起来的毛毯一瞬间延展开来，不间断地流动着。周遭响起了惊叹声："哇哦——！"工厂干部和技术人员纷纷赞叹："用这个配比，纸真的连起来了！"

日比野先生回忆道，那一天他触摸到还温热的纸张，不禁热泪盈眶。那之后过了近三十年，八户工厂遭海啸袭击后，他们全力修复抄纸机。这份对纸的热情跨越了时间，遥相呼应。

中性纸研发成功后，三菱制纸用四年的时间将全部抄纸机调整，用于生产中性纸。第一次使用他们的中性纸印刷图书的是八木书店，接着便是岩波书店、小学馆等。

"能长久保存的书面世啦！"报纸上刊登了以此为标题介绍中性纸研发成功的文章。自此之后，原来几十年就会劣化的日本图书，首次拥有了能保存三百至五百年的品质。

中川工厂的回忆

三菱制纸的书籍用纸现在在八户工厂的二号、七号抄纸机上生产。然而,曾经长期负责此项工作的是前文提及的东京都葛饰区的中川工厂。

下文我想介绍中川工厂的情况,以及负责将书籍用纸的生产机能转移到八户工厂的技术人员。

不过在那之前,位于神户的三菱制纸公司为何要在东京都葛饰区生产书籍用纸呢?我先简略说明一下时代背景。

那时,三菱制纸刚开始生产书籍用纸,他们接到了第一笔大订单,1917年,岩波书店出版的《夏目漱石全集》决定使用他们生产的纸。

现在我们看到的装订好的书,众所周知原本发祥自欧洲,造纸技术亦是如此。始于明治时期的日本近代化过程中,图书用的都是进口纸。但是第一次世界大战后,日本经济腾飞,进口纸需求量增大,而纸张产地的欧洲却产量锐减,纸价高涨。

当时,三菱制纸荣登国内市场占有率第一,同时他们派遣技术人员前往欧洲学习,并在国内设立研究所和技工培训学校等,积极促进了适应书籍要求的高级纸的国产化。

三菱制纸为开发高级纸，设立了制造相关染料和化学药品的子公司。他们接二连三地开发新产品，自1914年起的十年间，营业额增长了五倍。自己公司生产的上质纸"白菱"被《漱石全集》采用，这足以说明他们这一时期的飞速发展。

三菱制纸早期的工厂在高砂[1]，白菱最初也是在那儿生产的。随着生产规模不断扩大，新工厂的建设刻不容缓。为新厂选址时，他们看中了柴又帝释天[2]附近的一片田园。东京东部的这片草木丰茂之地，可引江户川水，兼具船运之便。

1917年，新工厂中川工厂正式启用。他们培训员工，提升技术，不断推出高品质的商品。几年后就成为"白菱""金菱"等书籍内文用纸的一大生产据点。

公司里有资历的老员工想必在听到"中川工厂""三菱的中川"这些承载着深厚历史的词汇时，会产生一种难以割舍的乡愁。信田博司先生便是其中一人，他是八户工厂的制造部长（现技术部长），也是将中川工厂移

---

1 1901年6月，三菱制纸将工厂从兵库县神户市迁至高砂市。
2 位于日本东京都葛饰区柴又地区的日莲宗寺院，正式名称为题经寺。主佛传为帝释天，以民间信仰而闻名。

至八户这一项目的技术负责人。

"中川是要求严苛的工厂,"留着光头的信田博司先生有一股资深工程师的气质,他说,"总之,中川有一种匠人氛围吧。那是一种奇妙的和谐与融洽,无法言喻,现在回想起来都无比怀念。"

中川工厂与八户工厂不同,厂里没有自己的纸浆制造设备。因此,他们在岩手县北上市的北上工厂(现北上高科技纸业)制造的纸浆中,混入进口纸浆,通过改变配比来满足出版社的不同需求。

从 1987 年进入公司以来,信田博司先生一直在"不织布"[1]的制造部门。工厂里制作书籍用纸的工人们的身影,在他心中留下了不可磨灭的印象。

没有色差的匠人技术

在没有电脑管理工序流程的时代,工厂在制造书籍内文用纸时,只能依靠工人的技术。其中最令人拍案叫绝的是"染色""调色"的手上功夫。

一直以来,纸主要利用荧光染料和蓝色染料来着

---

1 用纤维类原料,不经纺织而制成的似纸非纸的布状物品。

色。但是，书籍不同于其他纸制品，用纸必须使用黄色、橙色的染料，有时为呈现"古朴之感"还要用到茶色或黑色的染料。

曾经的造纸厂不像现在的流水线作业，在把纸浆倒入抄纸机前要先灌进池子里，手工加入染料给纸浆上色。这就需要娴熟的技工大显身手了。即便在信田这样的技术人员看来，那技艺也可谓鬼斧神工。

他们从蓄满纸浆的水槽中舀出原浆，以适当力度用手捏出几个丸子状的小团，依次排开放好。等这些纸浆丸子干燥后，比对颜色，仅凭感觉添加染料。添加的分量如果稍有误差，一池子的纸浆就会全部作废。

老工人曾自信满满地对信田说："我可是一次都没出现色差呢。"

信田之所以惊叹于这种技艺，是因为给纸染色，并非只要在纸浆里加入相同分量的染料就一定能得到相同的颜色。

"纸是有生命之物。受温度、湿度，以及当天抄纸机的状态等各种因素的影响，最后做出来的纸会有所不同。而当时工厂的工人，仅凭观察手捏的纸浆丸子就能做到没有色差，这种功夫别人学不来。"

那时二十多岁的新人工程师信田，已经感受到了关于纸的匠人世界的魅力。

何谓"好纸"

自1917年起的八十六年间,中川工厂持续生产着书籍用纸,直到2003年3月它退出了历史舞台。

中川工厂没有纸浆制造设备,成本高、效益低。再加上从市场的用纸需求来说,书籍用纸比例下降,出版业的衰退预计会导致书籍用纸需求进一步减少。出于这些原因,公司决定把中川工厂那块地卖出去,将书籍用纸的生产转移到新建的八户工厂。这种将纸的生产转移到其他工厂的作业被称为"转抄"。

当时已调到八户工厂技术部的信田,被委派负责此次转抄的重任。其间,他对中川工厂工人们的技术有了更加深刻的认识。

首先他需要学习的是,对客户来说何谓"好纸"。

书籍并非刚需,不同的出版方,不同内容、形态的书,对用纸的质感也有不同要求。文库系列、小说、非虚构、轻小说、学术书等,用纸都有各自的倾向。每种文库系列,内文用纸颜色都有区别,有的用偏黄的纸,有的用偏红的纸。再比如村上春树的《海边的卡夫卡》

这种首印几十万册的书，有时也会为了满足对方的特殊需求而开发新的内文纸。

纸面手感、纸张厚度、颜色等流行趋势瞬息万变。比如近几年，能把书做厚的"嵩高纸"大受欢迎。页数少的书，也能做得厚实，定价也就可以相应提高一些。制造书籍用纸，必须及时对出版社和读者的喜好变化做出应对。

在以前的中川工厂，经验丰富的工人们通过调配纸浆原料，调整抄纸机，制造出顺应潮流的产品。在新的八户工厂，从纸浆制造到抄纸，实现了工序一体化。信田他们要做的，就是在新的八户工厂将前中川工人们的技术传承下来。他全身心地投入到这项工作中。

"最开始我们做出的纸，用手轻轻一碰就碎得掉渣，被大骂：'这种东西，不配叫书籍用纸。'"别看现在，他云淡风轻地说出这番话，当时内心的百味杂陈难以想象。如今他终于可以笑对那番过往。

抄纸机的技术标准说明书里，当然记录着一系列的制作方法，以及药剂配量等。但是，在实际的操作中，一位熟知抄纸机性能、状态的工人，小心翼翼地操作机器，完全按照既定数值来制作，出来的纸却和当初中川工厂的完全不同。

"测试阶段的数据明明没有问题，可实际纸做出来后，用手一摸，柔软度、韧度都不够。对出版方来说，重要的不是数据，而是用手摸过后会不会感叹一声'这纸真好啊'。比起老中川工厂，八户工厂的抄纸机更先进、性能更优良，但实际造纸的过程中，居然有这么多机器无法测量的项目。"

信田先生只能不断尝试，改变抄纸机的设定，抄一次纸就调整一次设定值，不断重复。就像开发中性纸的日比野先生也经历过的那个阶段，这是造纸技术人员的必经之路。

技术之力超越过去

信田先生聊起一段至今仍难以忘怀的小插曲，发生在转抄工作完成后不久。八户工厂开始生产书籍用纸后，曾经与"三菱的中川"有密切合作关系的出版社负责人中，有不少人不经意说起："纸的质量下降了。"

事实上，八户的产品已达到与中川同等的水平，过去的印象总是容易被美化。为消除这种质疑之声，有必要通过某种方式证明八户工厂的纸已拥有"超越中川的质感"。信田找到的突破口是"易翻页"，他以此为目标对纸进行了改良。

纸的纤维方向有横、竖之分。原本这横竖比例，一比一最为理想，但书籍用纸却是例外。装订好的图书，手指横向翻页，因摩擦力，竖向纤维更多地与指尖接触，书页就更易翻阅。

"熟练操作抄纸机可调整纤维的方向。相比中川的纸，八户的纸提高了竖向纤维的比例。就翻动书页时感受到的柔软度来说，八户更胜一筹。"

有一天，一家老牌出版社的编辑来工厂时，感叹了一句："果然还是中川的纸好啊。"信田像是终于等来了机会，立刻接话道："请等一下。现在这里就有两个工厂做的同一种纸。请您摸摸看，到底哪个更柔软、更好。"

两种纸，从表面上看不出分别是哪个厂的产品。那位编辑反复触摸、数次确认后，选出来的是八户的产品。"这就是技术。"信田满脸骄傲地说出了这句话。那足足花费两年时间的转抄工作，似乎在这一刻终于得到了回报。

那之后十几年过去了，现在像那样对纸要求特别高的编辑已很少见。"以前，有的客户为了自己想要的纸，出多少钱都愿意。我们为满足对方的要求，拼尽了全力。最近呢，大家都更喜欢'最优项''最优选'，只是从已有产品中选择而已。"

但是，正因如此，才要有远大的目标，信田先生说道。正因为有他这样的人，"纸书"才得以成为有价值之物。

第六章

装帧

宿于细节

妙趣横生的"漱石本"

日下润一先生从桌上整齐排列的数本书中取出一本,敛容屏气,将脸凑近书封,忽地又将书转过来盯着书脊,接着再次转回来凝视着封面。最后轻叹一声,似有万端感慨。

我从未见过如此珍爱书的人,从未见过有人对书投注这般怜爱的目光。难道被称作"装帧设计师"的人,对待书的态度都是如此吗?

这里是横滨市港见丘公园内的神奈川近代文学馆。

书籍设计师日下润一手里拿的是被风雅之士称为"漱石本"的夏目漱石的一系列作品。

漱石本的装帧特别讲究,《我是猫》的封面,书名印成了朱红色,烫印着逗趣的猫儿插图;《鹑笼》的封面,有用"素压花"[1]工艺做出的美丽花纹;《路边草》的封面,青鸟停在黄色、红色的花朵上,书脊处书名烫金;《明暗》的封面,以中国传统绘画的风格画着被繁花围绕的女子……

在杂志《艺术新潮》2013年6月刊,以漱石本为主题的特辑《夏目漱石之眼》中,美术史家岩切信一郎解说道:"漱石本的装帧设计既有明治末期至大正初期的典雅之美,又受到当时欧洲的世纪末艺术、新艺术运动的影响,有的还颇具几分中国趣味。"

这些作品是日本"现代书籍设计"的基石,"影响了日本近代洋装书的普及,可谓近代装帧的典范、现代书籍装帧的原点"。

这些漱石作品的设计,出自同时代的装帧大家桥口五叶、津田青枫之手,同时又因夏目漱石本人的深度参与而广为人知。

《心》的装帧便是漱石亲手操刀的。他把石头上雕刻的中国的古老文字装饰在了外封上。就连版权页上的

---

[1] 将纸、布等放在花纹、字样的模型上,不使用颜料、油墨而压出花纹、文字。

一个小花纹、一处题字都充满巧思。在《心》的序言中，漱石写道，以往全权交给专业人士，"此次因一些缘故，自己试着做了装帧"。尽管说得谦虚克制，却不难想象他兴奋的模样。无疑，漱石也是一位装帧设计师。

每一本都好美啊。

一本一本拿在手中翻看，我也忍不住和日下先生一样感叹道。

我强烈感受到，要做出这些漱石本，除了不惜重金，还必须用心去设计每一个细节，竭尽全力去打造一本高品质的书。

虽然封面仍十分美观，但有些书的内页已经破损。我小心翼翼地翻阅着书页。我发现内文的插画、版权页的设计、页码的标注方式等，各处都能感受到设计者的"游戏之心"，有很多有趣的细节等待读者去发现。

一本书的背后汇集了各个领域的匠人技艺，而装帧设计师就如管弦乐队的指挥，起到了统率的作用。

漱石本光看外观就令人乐在其中，它的存在向世人证明：即便不是豪华装帧，只要倾心打造，每本书都可以是一件了不起的艺术品。

"在摸到漱石本的实物之前，我完全不知道近代小说最早期作品的装帧会如此讲究。"日下先生说道。据说，他第一次摸到漱石本的实物，就是前文提及的《艺术新潮》做特辑《夏目漱石之眼》时，拍摄实物图那天，他恰巧也在场。当时他担任该杂志的设计师，跟着团队一起去了神奈川近代文学馆。

这天，我之所以会同他一起来这儿看漱石本，是因为此前拜访他位于早稻田的设计事务所时，他强烈推荐："稻泉先生，与其在这儿听我说，不如我们先去看一看实物，一定会有所体悟。"

可是，这会儿在神奈川近代文学馆的资料阅览室里，日下先生拿起漱石本，一本又一本地翻看得入了迷，俨然忘了时间的流逝。看他那样子，我才恍然大悟，这哪儿是带我来看呀，根本就是他自己想再看看漱石本吧。他像是重逢儿时旧友般，与书畅谈着往事。

日下先生说："我第一次见到实物时，内心深感震撼。以前只在照片上看过，单纯地觉得设计好酷。实际拿在手里之后，才真切体会到'啊，这样的书才是我们工作的初心'。

"漱石经过两年的伦敦留学生活，见过欧洲许多设计优秀的书籍。他吸收了西欧纯手工书、豪华本的做书理念，从十九至二十世纪新艺术运动的现代设计中汲取养分，创造出了属于日本的'漱石本'。

"虽然我的设计风格并没有直接受到漱石本的影响，也不是研究了漱石才学的设计。但是，从业至今我在设计上的许多思路与创意，漱石本里其实早就有了。夸张地说，日本市场书的设计潜意识里都有漱石本。看着漱石本，我真切感受到，它对我们的影响深入骨髓，延续至今。"

漱石本向我们传达了一个讯息：书的设计竟可以这般自由，仅靠外观就能令我们陶醉其中。

函套的设计、用纸、字体、插画、配色、排版、行距、页边距的留白，一本书的设计可以有千千万万种组合……我想象着桥口五叶、津田清枫与作者夏目漱石，经过反复讨论，在一本书里注入丰富多彩的创意。那是多么激情燃烧的岁月啊。

日下先生说："现在做书也该如此，设计师要和编辑、作者多交流，讨论越激烈越好。先不说电子书怎样怎样，把设计做好才是纸书活下来的出路，不是吗？我认为，无论如何，书这种东西就应该是美的。虽说美的形式是多样的，也会有不同的审美范式。但看着漱石本，至少让我感觉，不美无以成书。"

此番诉说，让我不禁感叹，来见日下先生果然是对的。

该有的东西都在它该在的地方

为撰写本书，决定采访装帧设计师时，我第一个想到的就是日下润一先生。他给我的书做过装帧，令我记忆犹新。

我有两本书由他操刀设计，一本是《我也要奔赴战场》（2004年），这是我为死在战场的诗人竹内浩三写的评传；一本是《工作漂流》（2010年），主题是在以企业为中心运作的日本社会中，就业冰河期一代该如何工作。

拿到样书时，作为作者，我内心感受到了幸福。前一本的封面笔触温暖，描绘出的诗人竹内浩三的形象与我的想象别无二致；后一本的封面，书名"工作漂流"四个字浮于青空之上，后面是飞向海平面彼端的小小的鸟群。不光封面，翻开内文，字体、排版、页边距、留白等，所有的一切，给人最直接的感受就是"该有的东西都在它该在的地方"。

我由衷感激日下先生的倾力而为。他的设计里饱含着对书的热爱。

在设计每本书时，不论是对作者、对读者，还是对装帧设计师自己来说，都会全力以赴使其成为无比珍贵的一本书，他是抱着这份对书的热爱去设计每一本书的。从那以后，每当我在书店看到日下先生设计的单行本或杂志时，都感觉自己在借由作品与他寒暄。

对我而言，他是一位特别的装帧设计师。我想要一探究竟，他是如何做书籍设计的？最开始又是如何进入书的世界，成为一名做书人的？他在书中倾注了怎样的感情？

我期待他的回答能为我展现一个关于"做书"的新世界。我几次拜访了他的设计事务所，了解到这一位装帧设计师曲折坎坷的人生，以及他奔放自由的生活方式。

立志成为画家的少年时代

"小时候我想当一名画家。"被问及成为书籍装帧设计师的契机时，日下先生如此答道。

日下生于1949年，出生地在母亲的老家，香川县观音寺市。小时候很长一段时间，他住在大阪府的吹田市。父亲在位于大阪的"日本触媒"化工公司总部工作。日下五岁时，父亲死于肺结核，他由母亲一人抚养长大。

"从我记事起，就经常在父亲公司员工宿舍的墙上涂鸦。父母在墙上贴好纸，让我想怎么画就怎么画。依稀记得父亲葬礼时，亲戚们都夸那些画画得真好。"

那时，身为护士的母亲工作繁忙。父亲去世后直到小学二年级，日下一直寄养在外祖父母一家。外祖父母家当时在观音寺市经营农业。八岁时，日下才回到大阪和母亲两个人一起生活，也是从那时起，他开始正式学习绘画。

母子俩在大阪的房子是两栋相连的平房。从家步行一段路，跨过一条小河，河对岸有一个市场，里面有一间绘画教室。教画画的老师是一位来自京都的日本画画家，正职是附近高中的美术老师。学生们都喊他"户岛老师"。

这间绘画教室位于市场二楼，是一间宽敞的榻榻米房间，平常是周围居民的临时会议室，每周六则作为课外兴趣班面向儿童开放。那里是日下梦开始的地方。

"去绘画教室上课的日子里，我渐渐做起了画家梦。有一次，母亲带我去看电影，片名已经忘了。故事发生在法国，里面有一个很讨女孩子喜欢的画家，我当时心里直呼'这个好呀！'，哪天我也要去法国当个画家。我学得很认真，上初中后，就我一个还继续去绘画教室，请老师重点辅导我。"

水彩画也好漫画也好,只要是有关画画的事,日下做什么都如痴如醉。初中时,有一次学校的作业是画海报,日下的海报拿了奖。后来,他和朋友一起做漫画杂志,好评如潮,就连其他学校的学生也竞相传阅。那份杂志借鉴了《朝日新闻》,其中的专栏、猜谜问答、汽车广告等,都是他和朋友两人亲手画的。

那段时间,日下对绘画的热爱被母亲看在眼里,她开始每月给儿子订购一本《艺术新潮》。

日下先生回忆说:"从小一直读的杂志,后来我自己竟然做了它的装帧设计,人生真是不可思议啊。当初《艺术新潮》邀请我时,我高兴得手舞足蹈。"

那时,每当拿到新一期的《艺术新潮》,日下都读得废寝忘食。印象特别深的一期是法国画家贝尔纳·布菲作品的特辑。"布菲与我是同时代的人,他初期的作品朴素、洗练,特别像现代设计。在绘画教室上课时,我曾试着模仿他的作品。可那时我毕竟还是个孩子,也没学过油画,只能用水彩画的颜料干涂,想办法画一些像是油画的东西。"

可后来,日下并没有成为画家,而是做起了设计。

要说契机,还是那间绘画教室。他的第二位老师、画家今尾景三对他说："当画家要花很多钱，你们家是单亲家庭，可能的话，最好还是走商业美术的路吧。"

像今尾那样的日本画画家，如果不在学校教书，光凭画画根本养活不了自己。这样的现实摆在面前，再加上随着日下升上高年级，他在颜色的使用上越来越华丽，这也是今尾给出那番建议的理由之一。

那时，日下夹在一群小学生中，继续在绘画教室上课。那次之后，今尾开始教他字体设计的技巧。之后，母亲为他订阅的杂志除《艺术新潮》外又多了一本月刊 *DESIGN*。

"每个月都很期待新一期的 *DESIGN*，觉得实在是太厉害了，忍不住试着亲手做起了设计。记得我曾试着做过基督教青年会 YMCA 俱乐部的 Logo。在《美术手帖》上读到平面设计师田名网敬一先生的一篇解说后，我还试着用丝网印刷做了贺年卡。那篇文章里没有详细介绍丝网印刷的制作技巧，我自己根本做不来，印出来墨迹断裂，惨不忍睹。最后好歹印出了个样子，但还是很失败，心情沮丧极了。"

这便是"书籍装帧设计师日下润一"的起点。

第一次给书做设计

日下设计的第一本书是1978年由"Play Guide Journal社"出版的寺岛珠雄所著的《釜崎：旅舍长街》。

寺岛珠雄是一个无政府主义诗人，大多数时候生活在釜崎。他一面从事体力劳动维持生计，一面坚持写诗。《二十世纪日本人名事典》中，关于他有如下记述："初中三年级退学后四处流浪，后被送入仙台少年教养院，之后进入横须贺海兵团。1944年战时，因逃亡罪被送入横须贺海军监狱。日本战败后获释。其后，进入千叶县民营铁路公司工作，创建了工会，成为委员长。之后投身到民营铁路、纤维、钢铁等的劳动运动中。"

再后来，他不断换工作，在报社、建筑工地、餐饮店都打过工，辗转来到釜崎后一直坚持诗歌创作。

报告文学作者竹中劳在一篇推荐《釜崎：旅舍长街》的随笔中写道："寺岛珠雄的存在于我分量极重。不仅对我，对飘零在贫民窟长街的普通老兵来说，书中描写的他们在釜崎劳动、流浪的生活样貌，就是一场'革命'。"

未来某一天，"天桥下的垃圾场，解散了队伍发起行动"。我和寺岛一样，梦想着那一天。在秩序的废墟、在遥远的地平线，他描绘着唯有"诗"才能表现的梦幻。

今日饮酒，明日握笔，对人诉说幻影。

立于人前，退居人后，不都是革命吗？

该扔石头时，跟随年轻人的脚步，勤劳地搬运沙袋，敲响太鼓和大钟。

寺岛珠雄警示我的，无疑就是这些。

日下接到《釜崎：旅舍长街》的编辑发来装帧设计的邀约，是在寺岛定居釜崎十三年后。"那是我第一次为单行本做装帧设计，充满干劲。"

不论过去还是现在，他给书做设计，重点都放在如何忠实呈现作品、作者的风格上。他会阅读原文，与作者见面，条件允许的话还会随同采访，以此丰富自己的想象。

"我会通过读文本、见作者、与编辑交流来寻找关键元素。我的理念是，尽最大可能忠实于原文的风格，尽量做简洁的设计。使用的字体也就那几种，不用过于复杂的元素来完成设计。"

书是客人，装帧设计师是助兴师

在对日下先生的采访中，有一个问题让我觉得特别有意思，那就是做设计是否都要阅读原文、与作者见面。他的答案非常明确：对于设计师来说，阅读原文并非理所当然，有人通过和编辑讨论激发灵感，有人通过熟读内文来启发设计思维。

对待作品，他有自己的态度："我自己是习惯读内文的，但有时候读得太深也不好。对文本过于投入，设计容易变成对作品内容的评价，这是万万不行的。我会特别注意这一点。书这个东西呢，不论多无趣的内容，总会有一行是写得好的。设计就是要找出这一行把它呈现出来。我们的工作是助兴，书是客人。就算遇到讨厌的客人，表演者也要在他面前跳舞。"

那么，我也是请日下先生做装帧的"客人"之一，听了这话还真有点发怵。但这便是他纯粹、专业的态度。

不过，他并非从一开始就有如此清晰明确的设计理念。第一次做装帧设计时，他二十九岁，跟着编辑去了釜崎的一家简易旅馆，拜访寺岛珠雄。

三人对坐交谈片刻后，日下提起他经常去天王寺的一家便宜的烤串店喝酒。寺岛先生接话道："那可不是真的便宜。顾客确实只花了很少的钱，但相比食材的成本，其实卖得很贵了。"

这位具有反叛精神的诗人，戴着他标志性的鸭舌帽。虽然当时聊的都是些无关紧要的话题，却深深镌刻在日下心中。这样看似平常的对话，都有可能成为设计灵感。

那天返回吹田的途中，日下想着自己第一次的装帧设计工作，按捺不住地兴奋。他一刻不停地思考该如何表现寺岛珠雄这位诗人的感觉。

他想到一个点子，用釜崎的昼与夜的照片做封面和封底。而寺岛的肖像插画可以拜托森英二郎。森先生曾与他有过合作，日下为关西地方信息杂志 *Play Guide Journal* 做封面那次，就是请森先生画的插画。

回到家，日下立刻冲到制图版前，抓起铅笔在四六型[1]纸面上，心无旁骛地画起草图。

"直到现在，只要接到设计的工作，我都会特别兴奋。相应地，如果做不好心情也会非常沮丧。那时候也是，一想到'用照片和森先生的插画！'就睡不着了。

---

1 纸张的大小规格之一，尺寸为 130mm×188mm。

一整天都在想做书的事，自己去拍照片回来，废寝忘食地排版，剪剪贴贴。"

不久之后完稿的设计上，红色的窗棂外是釜崎小镇一隅的照片，照片前面是森英二郎画的身穿蓝色运动夹克、头戴鸭舌帽的寺岛珠雄。主书名"釜崎"两个字用明朝体，副书名"旅舍长街"和作者名"寺岛珠雄"都是用的黑体。如此一来，视觉上"釜崎"二字浮现于远处，封面有了景深与立体感。而拿掉外封，内封上印着一道斜斜的人影，刚好就是外封上插画小人的影子。

"这种黑体的使用方式，是受平野甲贺先生的影响，我从很早以前就特别喜欢他。"日下先生说，"当时没想过书籍装帧设计会成为自己的主业。不过，确实特别有趣。我喜欢阅读,也喜欢纸质书。这样回顾以前的工作，有各种不成熟的地方，有太多需要改进之处。"

设计在哪儿都能做

做完第一本书的装帧设计后，日下并没有立刻接到其他活儿，成为像现在这样邀约不断的装帧设计师是很久之后的事了。

当时，他的主要业务是为 *Play Guide Journal* 设计

《釜崎：旅舍长街》

封面和内文。这个工作来之不易。

绘画教室的老师建议他"走商业美术的路"之后，日下考虑过去美术大学学设计，结果却连高中也没读完就退学了。朋友担心他成年后仍找不到一份正式工作，便托关系给他介绍了大阪的一家设计事务所。

这家位于心斋桥的设计事务所主要做商业广告，几个大客户都是总公司位于大阪的企业，像是松下电器（现Panasonic）、小野药品工业、东洋橡胶工业（现TOYO TIRE）等等。这家事务所在日本经济高速成长期的巨浪中乘势而起，当时正是缺人手的时候。

事务所的老板对日下说："先看一下你的作品吧。"当天日下就返回吹田家中，把至今为止画在素描本上的商标和设计稿拿给对方看。"幸好当时我抓住了机会，对方叫我明天过去上班。"

刚满十八岁的日下，开始在这家只有五六个人的设计事务所里打下手。早上，他总是第一个到公司，打湿制图版和肯特纸[1]，为设计师们裱纸，防止上色后画纸变皱。然后，给海报涂色、复印黑白稿、用T型规

---

[1] 绘图纸的一种。高级品以棉和碎麻为原料，普通品添加漂白化学纸浆。纸浆紧密坚挺，适宜于绘画和制图。原产英国肯特郡。

尺描方格排文案……这些都是事务所最开始交给他的工作。

令他印象深刻的是,有一天上午他和事务所的前辈一起去松下电器公司,看到几家设计事务所的项目负责人都候在宣传部门外。

"做 Tekunikusu(松下电器音响品牌)的宣传册时,宣传部的人会把手上的工作,委托给能实现他们想法的设计公司。而我们这些人呢,就候在大门口问今天有什么活儿干。"

不过,日下在这家设计事务所只干了一年多就辞职了。

有一次他听到厂商那边的职员说:"这次的商品还有缺陷,不过上头的人说了要赶紧卖出去,所以广告得做起来了。"他因此产生了抵触情绪,再加上当时学生运动不断高涨,他的心境也发生了变化。

"当时我才十几岁,内心有一股正义感吧,虽然有些孩子气,但就是觉得,我才不要给那些伪劣商品当帮凶,应该更纯粹地做自己的设计。不如自己建立一个平台,于是,我和朋友做起了独立杂志,拿到心斋桥的大丸百货门口,向路过的行人推销。"那份独立杂志并无特定主题,"完全是为了让自己尽情设计,而硬凑的内容"。

向路人推销当然很难把杂志卖出去。不过,从策划、印刷到装订,所有工序都亲力亲为,让日下获益良多。更何况,人生就是如此奇妙。很久之后日下成为自由设计师,当初在路边买他杂志的"顾客",竟又和他在工作上产生了交集,人生就是如此奇妙。

"那时,街上有许多搞学生运动的活动家,以及做独立电影、独立音乐的年轻人。但卖独立杂志的就只有我们。有的人觉得有趣就凑过来看,和我们成了朋友。后来,有独立电影要做放映海报,就找我们做设计。我们还会用誊写版[1]印摇滚音乐的报纸,诸如此类,认识了很多朋友。

"搞学生运动的那群人用的是丝网印刷。我们把涂了一层清漆的纸蜡粘到印刷纸上,剪裁后,在丝网版上用熨斗把纸熨平。这个过程特别好玩。因为是在免费的公共场所放映独立电影,所以能聚集很多人。在那里我认识了 *Play Guide Journal* 的编辑,后来他来找我,问:'要不要给我们做封面?'"

---

[1] 孔版印刷的一种。把蜡纸放在钢板上,用铁笔刻字,或用圆珠笔在蜡纸上书写,最后在书写处渗透出油墨后印刷。

1971年创刊的 *Play Guide Journal* 是被读者爱称为 *PGJ* 的关西信息杂志。*PIA* 比它晚一年，于1972年创刊。*PGJ* 主要收集当地电影、演唱会之类的娱乐信息，主办丰富多彩的活动，对二十世纪七十年代的亚文化产生了极大影响。它以一己之力带动了日本"信息杂志"这一杂志类别的兴起。

日下设计装帧的第一本书《釜崎：旅舍长街》的作者寺岛珠雄，也是这本杂志的作者之一。

"还是走商业美术的路吧"，距离绘画教室的老师对他说这句话，已经过去了十年。担任该杂志的装帧设计后，日下逐渐拓展了业务范围。

"那段时期对我影响最大的一个项目，就是为石井寿一的绘本'Doughnut BOOK 系列'（双叶社）做装帧设计，"日下无比怀念地说，"最早认识石井君是因为他在 *Play Guide Journal* 上发表了《打工小子》。后来他要出'Doughnut BOOK'这套系列绘本，找我来做装帧设计。封面我们用了三种底色，不同的卷用不同的颜色组合。这个系列的编辑村上知彦，当时是受到了史努比单行本 *Peanuts BOOK* 的设计的启发。"

日下把 *Doughnut BOOK* 爱称为"不二家的三色糖果"。他说："这个设计在编辑那儿大获好评。现在回头看，那是我到东京发展的重要契机之一。"

想要放在手边的书

1985年，日下在东京高田马场[1]开了一家小小的事务所。

因为给石井寿一的单行本做设计而与双叶社结缘后，双叶社跟他合作了很多书，连环画、绘本、单行本都有。这也是日下离开大阪，到东京发展的原因之一。

日本出版业的重心一直在东京，几乎所有出版社都在那儿。对书籍装帧设计师来说，在关西发展确实有很多局限。

时值泡沫经济前夕。这一时期，制纸公司的产品开发竞争激烈，封面和内文用纸的种类更加丰富多样起来。东京的特种纸百年老铺"竹尾"为普及书籍用纸做出了很大贡献，因此，在东京的设计师们能相对容易地了解到纸张新产品的信息。而在大阪工作的日下，想用什么纸，调货都异常困难。

1　日本东京都新宿区西北部的地名。有离早稻田大学很近的学生街，江户时代有练马场。

那是一个激情燃烧的时代，大型书店里"有许多很酷的书"，能看到菊地信义、户田勉等同时代初露锋芒的设计师的作品，也能欣赏到几乎包揽晶文社所有书籍装帧设计的平野甲贺、日本现代设计巨匠杉浦康平等大家的作品。

装帧漂亮的书，即便不读也想买来放在手边。设计师使用的字体、纸张也会成为一种流行趋势。可是，日下在大阪的书店即便淘到这些书，也无从知道用纸的种类、名称，这让他心焦难耐。

"我去问关西的纸商，他们也不清楚，有的纸即便我想用也用不了。所以，曾经有段时间，我会在自己设计的书里详细标注用纸的名称。我年轻的时候，如果能更便捷地知道一本书用了什么纸，就不会走那么多弯路了。"

那段时期日下印象最深的工作，是给关川夏央的《跨越海峡的全垒打》（双叶社）做装帧设计。这部作品荣获了"讲谈社非虚构作品奖"。它以刚起步的韩国职业棒球赛事为舞台，描绘了代表日本参赛的在日韩国选手们充满艰辛的拼搏故事，是一部探讨日本与朝鲜半岛的文化差异的杰作。

当时，日下随同作者关川夏央一起前往韩国。他们在即将举办汉城奥运会的韩国街道上漫步，与在书里登场的选手见面，实际去感受棒球场的氛围。做寺岛珠雄的书时也是如此，日下尽可能地将亲身体验呈现在设计中。

《跨越海峡的全垒打》的装帧，外封封底满版放了一张福士明夫选手的照片；正面的底色是奶黄色，书名和作者名采用了不同的字体。

外封用纸特意选了抄入碎木片的凯撒纸，它的纹路呈现和纸般的细碎感。质朴的手感突显了萧瑟与怀旧的氛围，正如日下在奥运会前的韩国街道，以及棒球场上感受到的那样。

但实际要用这种纸，得费一番功夫。因为，如果整个外封都用凯撒纸，那么封底也会有纤维碎屑，印照片就会看起来脏脏的，效果很不好。

日下想出的解决方案是，在毛毡纸（パミス，竹尾官网介绍其手感如温润的浮石）上印一层凯撒纸。在毛毡纸的温润触感里，加入凯撒纸的碎屑感，各取所长。

"纸上印纸，在我之前从没有人做过，我想创造无人见过的风景。照片我也想放，凯撒纸我也想用，这是两全其美的办法。当时，我做了很多这类尝试。一个封面里也喜欢用多种字体，可能是因为年轻气盛吧。现在，我就尽可能只用一种字体，做简洁的设计。"

《跨越海峡的全垒打》

承袭平野老师的记忆

日下回忆往昔,说作为设计师,对他产生深刻影响的人是平野甲贺先生。日下去东京的前一年,平野甲贺为木下顺二的《本乡》做的装帧设计,获得了讲谈社出版文化奖。

日下来到东京后,逐渐成为受欢迎的装帧设计师,这很大程度上仰赖平野对他设计的《跨越海峡的全垒打》的赞誉,作者关川也大力将他推荐给圈内的人。

平野最初任职于高岛屋的宣传部,独立后给黑帐篷剧团制作海报、担纲舞美设计。当时黑帐篷剧团引领了日本地下演剧的热潮。日下还在大阪时,也帮忙做过黑帐篷演出宣传单的设计。所以,来到东京后,日下时不时会去平野的工作室拜访。

"做书就是运动。"平野曾温柔地对日下说。日下把这句话铭记于心,它也成为日下的装帧设计理念。平野常挂在嘴边的这句话有几层意思。

首先,书籍设计的创意,不能单靠装帧设计师一个人产出。设计师要和编辑,有时还要和作者反复讨论,方案也常常会变来变去,会不断碰撞出新的火花。

平野在著作《平野甲贺"装帧"术·心爱之书的形式》

中写道：

> 并非是装帧联结了书与读者。联结书与读者的是书本身的内容。装帧，只是赠品。我能够做的，就是抓住出版社的做书风格，做出符合他们审美的装帧设计。如果将某家出版社做的书比作泛着涟漪的湖泊，我的工作就是做好一朵小小的浪花。

平野接着阐述了设计师与编辑的沟通何其重要。设计师要充分理解出版社给出的出版方案、对装帧风格的要求，以及他们过去出版的图书的装帧风格……在那个大方向上发挥自己的作用，才是装帧设计师的工作。

> 除了出版社的风格，还要抓住当下的流行趋势。书有它"适合出版的时期"，出版社为什么要在这一时期出版这本书，只要想明白了这个问题，就能做出有生命力的书。我想做顺应时代需求的书。在这一点上，我也希望编辑与我达成共识。

日下承袭了平野先生的这种理念。
"平野先生以前参加过社会运动，所以才能说出那般令人印象深刻的话语吧。给书做装帧设计，是与社会密切相关的工作，其紧密程度远比人们想象的更深。做书的人要聚在一起相互讨论，碰撞出意想不到的火花。如果不这样，那和做传单有什么区别？因此，只要一有机会，我就会跟在作者身边，比如随同采访之类，我想尽可能地深度参与做书的工作。"

另外，设计也是一项社会运动，日下继续说道。设计师设计的书最后都要摆在书店里。书店的陈列台和书柜，凝聚了一个时代的设计，呈现出属于那个时代的氛围。

时代的产物

在当时的众多新书中，日下常提及的一本是户田勉设计装帧的《优雅的生活才是最好的复仇》（卡尔文·汤姆金斯著，青山南译）。

这是一部非虚构作品，借由菲茨杰拉德的《夜色温柔》中那对画家夫妇的原型，以及他们的交友关系，来呈现二十世纪二十年代的美国上流阶层，以及毕加索、海明威等文化名人的生活样貌。

2004年新潮文库再版了这部作品，然而使日下深受震撼的是1984年由Liburopoto（リブロポート）社出版的该作单行本的装帧。他将那本书拿在手里，问我："怎么样，这设计厉害吧？"笑容里有种炫耀的意味。

确实，这是一本很有存在感的书。外封和扉页插画用的是前文提到的混合纤维碎屑的凯撒纸。书名用了两种明朝体。内文用红色色纸印刷。内文字体选用的是YSEM明朝体，《读卖新闻》的标题经常用到这种字体。

这本书的装帧设计将流行与复古这两种元素完美地融合在了一起，呈现出独特的美感。

日下先生从这本书的装帧上感受到了二十世纪八十年代的时代氛围，闻到了泡沫经济前夜特有的气味。而1979年出生的我只能依靠想象去感受了。

"那时，只要去书店，店里就摆着这样的书。我第一次见到它时，大受震撼。它把拼贴字体和写研[1]刚出的秀英明朝体组合在一起。拼贴字具体是什么字体，我当时并不了解，多年以后才知道。外封和内文能做出这样的设计，实在令人佩服。现在，这种尝试更加困难。

---

[1] 写研株式会社，位于日本东京都丰岛区南大冢的字体研究和排印机构。其前身是1926年成立的写真植字机研究所。1972年改为现称。主营照相排版机及其排版设备的制造、字体的开发和制作，并发售周边产品。

纸书的设计，越是花费心思的，越会被人们珍藏起来。"

漱石本也是如此。拿到设计很吸引人的书时，日下先生看起来特别开心，眼里闪烁着光辉。

我去他早稻田大学附近的事务所拜访时，不止一次在心里感叹："这个人真的好爱书啊。"他对自己认可的东西会毫不吝啬地加以称赞，对不喜欢的东西也会直接说出来。我很喜欢他的这种态度。

对美的书的向往

日下先生从1990年开始负责《艺术新潮》的装帧设计，一做就是二十多年。二十世纪九十年代前叶的一段时期，他曾代替平野甲贺，全面负责晶文社的书籍装帧设计。在全盛期，包括单行本、连环画、杂志，他一年要做一百多本书的装帧设计，工作量大得惊人。

他事务所的书架上只陈列着他的部分设计作品，这些书俨然形成了一个"日下世界"，每一本都饱含了他对书的热爱。每次看到那排书架，都让我备受鼓舞，像是打了一针强心剂。

平日里日下先生很喜欢和字体设计师、字体研究者交流，他说："我从来没有抱着'研究学习'的目的去做什么事。只是单纯地喜欢这个工作,自己就会去思考,不懂的地方就想去请教别人。做书籍装帧设计,当然也可以按部就班。但是,对于我来说,设计是一项运动,设计师需要自己去思考,同时享受这份工作。"

比如,现在我们去欧洲的教堂,依然能看到几百年前的纸书陈列在那里。人类对美的书的向往是永恒不变的。正因为日下先生深信如此,他才会爱书,才会对装帧设计永葆热情。

"就算不花什么钱,只要做书人愿意花时间、下功夫,也可以做出如宝石一般珍贵的书。只要还有人在看到一本书时感叹'我也想做这样的书',那么书就会永存于世。所以,纸书要做得美才行啊。"

第七章

版权代理

海内外图书的桥梁

2015年10月14日至18日，在德国法兰克福召开了每年例行举办的书展。

在此期间，巨大的会场里挤满了来自世界各地的出版社，他们在展示空间里宣传着下一年即将出版的新书。

展区里挂满了印有作者照片和新书书名的横幅，还有许许多多的宣传单。参展的图书有小说、纪实作品、财经书、童书、插画书等，包罗万象。每家的展位里都坐着作者或代理人、出版社职员等，他们手握计划出版的书目，与各国客户接洽商谈。法兰克福书展，就是这样一个世界顶级的图书盛会。

参展国有一百多个。近几年，中国、韩国等亚洲地区的版权交易明显增加，曾以美国、欧洲和日本为主场的书展氛围已然发生改变。

目之所及皆是书——热火朝天的会场里，穿梭于各个展位之间的玉置真波女士感叹道："世界各地的书都汇集于此了。"

想用其他语言出版

玉置真波所属的塔特尔-森版权代理，是日本最大的老牌版权代理公司，在日本的外版书市场占有率达六成。作为公司非虚构部门的版权代理，对玉置真波来说，世界范围内最大的法兰克福书展就是她一年当中最重要的舞台。

那一年，结束在纽约、伦敦的商谈后，玉置真波马不停蹄地飞往法兰克福。书展的五天期间，她要完成一百多场会议。在平均每三十分钟一场的会议中，听版权方介绍选题，挑选适合日本各家出版社的书目。在书展上达成版权交易的图书，一至三年内就会变成日文版新书，陈列在日本的书店里。

1993年，二十五岁的玉置真波跳槽到塔特尔-森版权代理，之后二十年，她每年都会参加法兰克福书展。

"最让我震撼的是版权代理人的热情，他们一心想把自己家的书推荐到国外，用其他语言出版。"玉置真波刚进入这个行业时，只能当当前辈的助手，面对同行们的热情，她甚至有点头晕目眩。

商谈从书展那一周的前几日便拉开帷幕，走进古朴典雅的一流酒店"施泰根博阁法兰克福庭院酒店"，就能看到休息室、酒吧甚至中庭都挤满了人，各家出版社新书的翻译版权就在这里进行交易。

像玉置真波这样的版权代理人的工作是，聆听版权方的新书介绍，进一步询问对方新书作者的阅历、为人，抓住新书内容的要点。有时著名作家的新作，版权交易当场就能完成。还有一些非虚构类作品的选题，作者都还没有完稿，甚至连取材都尚未开始，版权方就拿着一张A4纸的简介来卖版权了。

对版权代理人来说，作者毕业的大学、研究领域和职业经历、迄今为止出版过的作品、从属于哪家报社……这些问题，都要了解清楚。知名出版社的话，在一定程度上有可信度；但如果是第一次听说的出版社，就必须要花时间相互了解。

国际书展，是另一个更广阔的"书的世界"，能接触到在日本了解不到的东西。

"他们介绍起书来声音洪亮，情绪激动，不知道的还以为在发脾气呢。每个人都做足了准备，自信满满地推荐优秀作品。宣传册、提案书都做得很详细。连续五天，从早到晚，不停地介绍自己对作品的看法，充满热情地去表达，这就是法兰克福书展。"

海外与日本的不同

海外与日本的出版状况，最大的不同之处便是海外作者一般都有自己的代理人。

在日本，与作者进行沟通的主要是一本书的责任编辑。一般在选题策划阶段作者就要与编辑沟通，然后是动笔、完稿、修订；出版合同细则、后期的采访安排，一般也都要和编辑商量决定。

而在欧美，从挖掘作者、向出版社推介选题到交涉稿费，都是由被称作"文学经纪人"（Literary Agent）的代理人来负责。如果是有潜力的作者，代理人还要为作者规划他的下一部作品以及未来的写作方向。

代理人在书展等场合推介作者，从各个国家的出版社手里拿到预付版税，也就是先拿到签约金，以便让作者专心写作。如果是人气作家，有的代理凭着一个几年后才会出版的选题企划书，就能从世界各国的出版社那里获取总计几十万美元甚至是几百万美元的预付金。其中一部分将成为代理人自己的收入，因此他们自然干劲十足。

在海外的这种"图书交易现场"中，塔特尔-森版权代理是所谓的"次级代理"（subagent），担任海外版权方向日本输出版权的中介。

作为作者或出版社等版权方的代理人，塔特尔-森要负责具体的交涉工作。遇到热门的话题之作，他们还要负责作者来日宣传的活动策划、日程安排及接待工作。现在塔特尔-森版权代理有五十多位员工。其中，绘本、非虚构、实用书、小说四个部门共有十六位代理人。据说版权代理从业人员不足百人，而日本一年要发行五千至六千种外版图书，可以说，是塔特尔-森的版权代理们默默支撑着日本的外版书市场。

距第一次参加法兰克福书展已过去了二十年，玉置女士腼腆地诉说起往事。

她说"有点头晕目眩"并非夸张，是真的因紧张疲累而晕倒了。实用书、历史书、纪实文学还有轻松的幽默搞笑书，在书展上，她一本接一本听着对方推荐，过于紧迫的氛围让她一阵头昏眼花。去当地医院就诊，医生告诉她："你贫血了。"

这段关于"书"的苦乐参半的经历让她至今难忘，

也是她最初接触到的"欧美的做书文化"。

编辑与版权代理的会议

玉置女士回到日本后，等待她的工作是将书展的收获传递给各家出版社负责外版图书的编辑。这下轮到她亲自上阵推荐选题了。

"外版图书的版权中介"这几个字很容易让人误以为他们的工作就是"把图书从左边推到右边"那么简单。我曾陪同玉置女士参加过一次与某出版社编辑的会议，这才见识到了他们工作的强度。

那天，在位于神保町的塔特尔办公室内，玉置女士和一家中坚出版社的编辑T先生进行了激烈的讨论。房间靠墙摆放着塔特尔负责的书，我粗略扫了一眼，便看到诺贝尔和平奖得主马拉拉·优素福·扎伊的《我是马拉拉》、美国电动汽车及能源公司"特斯拉"首席执行官埃隆·马斯克的传记等话题之作。

玉置女士拿来的书单里，有美国医师研究社会不平等问题的非虚构作品，大学教授写的以"预防癌症的生活方式"为主题的科普书、《卫报》记者在多个国家采访难民的纪实文学、料理或红酒的导览书，甚至还有俄罗斯的出版社推出的关于猫的幽默类图书。

她把近五十个选题的详细资料,介绍给日本出版社的编辑T先生。

"这个在日本已经有相关图书了。""在美国有很多人读,但日本人可能不太关心。""主题不错,但难民问题写得太学术的话,不适合日本市场。""要读一下原文才能判断。"……T先生如此应答着,在书单资料的书名上一一画上斜线。

据说实际成交的版权交易里,塔特尔的提案占六成,出版社的委托占四成。不过,从他们二人讨论的情形来看,是双方边商量着策划边选书的。

T先生说,一份书单里最终能有那么几本真的出版,就算很不错了。

成功缔结出版合约后,日本出版社会支付给原著作者版税,其中的一部分则成为塔特尔-森的收入。所以,玉置女士也像文学经纪人那样,热情洋溢地介绍着一个又一个选题。

"要从无数选题中,挑选符合日本出版社和编辑们需求的选题,逐一推荐。其中最为重要的是,找到能在日本'落地'的选题。原著再优秀,对美国人来说再重要,和日本人没什么关系是绝对不行的。每个版权代理人必须首先考虑'落地'问题。"

虽然那天的会议似乎没有什么实质性的进展,但有二十年做外版书经验的老编辑T先生说:"回顾最近十年,在我们寻找引进选题时,塔特尔这样的版权代理发挥着越来越重要的作用。

"最近外版书的市场更加多样化了,让人目不暇接。像以前,《自私的基因》的作者理查德·道金斯火起来后,市面上涌现出大量从不同角度撰写相同主题的书,或是把同样的内容剖析得更深刻的书。相应地,我们在书展上选书也非常容易。可是现在,出现了大批学者、博主、撰稿人、记者等拥有各种身份背景的作者,一些出人意料的新人作家也登上文坛,写作类型更加细分化。光靠我们编辑自己很难把握全局。"

这种情况之下,塔特尔拥有第一手的情报网,可以搜罗海外的实时出版动向。塔特尔有英国大型出版公司"企鹅出版集团"九成以上图书的版权,与美国"珀修斯图书集团"《哈佛商业评论》杂志也签订了独家合约。因此,他们版权代理的邮箱,每天都会收到海外出版社发来的书讯和选题策划资料。

塔特尔的另一个强项是,自二十世纪六十年代起就在伦敦设立了分部,1979年开始在纽约与搜集出版物选题资讯的书探公司建立了合作关系。他们实时掌握海外知名出版社的人事调动、名编辑跳槽的新东家等最新消息，能在第一时间获取选题资讯。

纵览塔特尔-森推介引进的外版书，就能了解日本战后外版书的历史。

1952年出版的安妮·弗兰克的《微光》（后改名《安妮日记》），柯南·道尔、阿加莎·克里斯蒂的系列作品，托芙·扬松的《姆明一族》，戴尔·卡耐基、彼得·德鲁克的财经书，加西亚·马尔克斯的《百年孤独》，还有《托马斯和他的朋友们》《彼得兔》《廊桥遗梦》《阿甘正传》这些百万畅销作——从童书、小说到商业书，塔特尔-森至今成功推介的外版书超过八万本。

玉置女士就是在这个实力强大的平台上做着版权代理的工作。

战后塔特尔的起步

战后，一个美国人来到日本，这就是塔特尔-森的历史开端。

当时，在进驻军的占领下，驻日盟军总司令部（GHQ）的机构民间情报教育局（CIE）中，有一个名叫查尔斯·爱格伯特·塔特尔（Charles Egbert Tuttle）的人。塔特尔成长于美国世代从事出版印刷业的名门世家，他后来成了CIE的一名将校，负责报纸、广播等的审查和管理工作。

和田敦彦所著《越境的图书》中详述了塔特尔的来历。书中的第七章"日本图书和信息的引进和输出"写道，当时战争刚刚结束，塔特尔前往东京赴任之前，仅用了短短两周时间学习日语。因为他家里是做出版贸易的，熟悉这个行业的他被任命为CIE的调查室长。

书中还提道："从占领期到二十世纪五十年代，日美两国之间出现了前所未有的大规模图书贸易。"由于此前受战争影响，对日本的研究以及图书贸易曾一度停滞，再加上冷战体制下日本成为"美国、苏联的文化宣传地"，因此，当时对以日语写作的图书和信息产生了史无前例的需求。

塔特尔是第一个在日本从事"图书版权中介"的人。他在1947年退伍，1948年创建了"Charles E.塔特尔社"的东京分社。

当时，美国的图书馆想要购买日文书，却没有从书店直接进货的渠道，因此只能派人去日本采购。身为CIE室长的塔特尔，负责对前往日本的采购员提供建议和帮助，其间建立的人脉对他后来在日本经营著作权贸易产生了极大助力。

正如和田敦彦所言，"做图书的中介人，并非只是机械地成为图书流动的渠道。不能被动地承担某项工作，而是要积极主动地去创造"，塔特尔通过做中介人掌握了战后日本方面的最新资讯，占领期结束后他便继续留在日本，投身到以图书联结日美两国的国际版权贸易事业中。

1951年，塔特尔与一位名叫千叶丽子的日本女性结婚。二十世纪五十年代，他不断拓展事业，不到十年的时间里就在五个地方设立了门店，"麾下有八十位日本员工和十位美国员工，拥有工会和职员组建的棒球队，经营着跨越国境的复合型图书贸易"。

塔特尔经营的业务广泛，包括西洋书的引进销售和日文书的翻译输出等，其中一个部门负责版权中介，而现在版权中介成了塔特尔-森的主体业务。

汤姆·森的存在感

塔特尔-森在1978年从"塔特尔社"独立了出来，创立者森武志是塔特尔的妻子丽子的侄子。

十年前，膝下无子的塔特尔邀请森武志进入塔特尔社。二十四岁的森武志加入了公司著作权部，其后他参加了欧美各国的书展，走访了当地的出版社。

森武志在学生时代就想进贸易公司工作，因父亲工作的关系，他幼年生活在美国，擅长英语。有一次去欧美出差的时候，他发现了劳伦斯·彼得写的《彼得原理》，后来这本书的日文版在日本大卖，森武志开始在著作权部崭露头角。

森武志在《朝日新闻》上发表过一篇叫作《商务战记》的文章，他在文章中回顾了自己当时的心境："那时著作权部只有十个人。我觉得自己的工作很有趣。我尝到过谈成大案子后那种酣畅淋漓的感觉，也觉得身上多了一份责任——如果我不做，那么这本书或许就不会有日文版了。"

之后，森武志离开"塔特尔社"自立门户，成立了塔特尔-森版权代理。国内外的作者和出版人都亲切地称呼他"汤姆·森"，这是他幼年时的外号。这位汤姆·森先生可谓日本出版史上有着异样存在感的传奇人物。

1993年入职塔特尔-森版权代理的玉置真波女士，在面试时第一次见到了森先生，对方给她留下了深刻的印象：他看上去有100公斤，因为爱打高尔夫而皮肤黝黑，手腕上套着劳力士金表和金链子，手指上镶祖母绿和绿松石的戒指闪得刺眼。

"只要见过一次，没人能忘记他。第一次见面，他就突然用英语和我打招呼：'嗨，欢迎！'面对面交谈时，我被他逼人的气场震慑住了，感觉自己要被他戒指上那枚硕大无比的宝石给吸进去一样。"

房间里摆放着巨大的花瓶，玉置面对森先生异样的魄力而不知所措，就在这样的状态下，接着进行了笔试。有人给了她一本英文书，"请写一段将这本书推荐给日本出版社的文案"。这便是她与塔特尔-森的开始。

森先生强烈的个人魅力，也吸引了诸多作者与海外出版人。

因《海上钢琴师》而在日本出名的意大利小说家亚历山德罗·巴里科，在一次翁贝托·埃科[1]的新书出版纪念派对上初次见到了森先生，回顾自己内心的感受时，巴里科说："就是这样一个人在买书、卖书吗？"（《联结东西方的代理》[非卖品]）他幽默风趣地谈到了森先

---

1 Umberto Eco（1932–2016），享誉国际的作家、符号学家、哲学家、历史学家和文学评论家，被认为是当代最博学的人之一，代表作有《玫瑰的名字》《美的历史》等。

生不可思议的迫力:"他的说话方式和肢体动作都像极了那不勒斯人,可一转头就看见他用东方的礼数对日本出版社的领导深鞠了一躬。简直就是变色龙嘛。他是不是吃了传说中黄金国才有的黄金虫呀?"(引自同书)

五十三岁就去世了的森先生的一生,充满了像这样魅力无穷的逸闻。

玉置女士怀念地说:"森先生的名字在海外也很有影响力。以前我在书展上,很远就能听见他的声音。一场会议一般要控制在三十分钟以内,但大家总是拖着森先生跟他聊,不肯放他走,导致他经常无法按时前往下一场会议。"

另外,巴里科所说的"那不勒斯人"般的行为举止,据说其实是森先生去海外采购时,自己研究好莱坞电影模仿学来的。当时,在有重要会议的前一晚,森先生就会把同事叫到酒店房间,在他们面前多次模拟练习,用英语说:"嗨,我是汤姆·森。"

还有这样一则逸闻也被传为佳话。森先生在争取时任俄罗斯总统叶利钦的手记的代理权时,与叶利钦相对而坐,喝着伏特加,清唱了一段日语的《石狩川悲歌》。他代表日本版权方,向叶利钦承诺:"我们一定会把这本书的销量做到之前那本自传《告白》的两倍。"这份胆识和气魄，绝非常物。

日本最具代表性的外版书，大部分都是经由汤姆·森的推介才得以出版。在他之前，日本出版界根本没有"版权代理人"的概念，也没有多家出版社为抢夺一本外版书的版权而竞价的体系。因此，可以说汤姆·森与塔特尔-森从零开始打造了外版图书这个行业。

塔特尔-森版权代理的Logo旁写着公司理念："AGENCY TO SPAN THE EAST AND WEST——联结东西方的代理"。他们是在图书世界中联结东西方的桥梁，令战后日本外版书市场欣欣向荣，他们是"出版界的丝绸之路"（引自巴里科）。

对作品的绝对嗅觉

玉置跳槽到塔特尔-森后，也像其他同事一样逐渐被森先生的魅力所折服。

1993年，二十五岁的玉置选择进入塔特尔-森，最大的原因是她从小就喜欢书；其次是由于父亲的工作调动，直到上初中前她一直生活在美国。当时很多日本的版权代理都是在语言类大学学的英语，在美国长大的玉置，一直想要在工作中发挥自己的英语优势。

"五岁时因父母工作原因，我被送到美国。十二岁才回到日本生活。两国的文化差异让我很不习惯，那时，是书填补了我内心的空缺。"

玉置在美国时喜欢读父母买的日文书；回到日本后又喜欢翻阅英文书来追忆童年。后来，在大学的就业指导中心，她借阅了一本很厚的叫作《国际派就职事典》的指南书，她一字不漏地读完，了解到原来日本也有"版权中介"这种工作。（不过那时塔特尔-森不招应届毕业生。）

塔特尔-森的办公室在神保町的"藤屋大厦"的七八两层。楼层里堆满了到人腰部那么高的纸稿和资料。其中还放着好几个"那种圣诞老人扛在肩上的大袋子"，那是每天从邮局送来的包裹，里面装的是国外寄来的手稿、信件以及与版权相关的文件。

那时候，塔特尔-森的业绩达到创业以来的最高峰。公司接连促成了多部大书的引进出版，像是森先生在一位有二十年交情的美国版权代理人的介绍下，拿到了《廊桥遗梦》的代理权，后推介给日本文艺春秋社出版成书；还有推介到新潮社出版的《乱世佳人》的续作《斯佳丽》。这些作品成为百万级畅销书，著名作家相继来访日本。塔特尔-森迎来了"虚构作品全盛期"。

玉置进公司第一年就参加了法兰克福书展。平时在朝气蓬勃的办公室里学习版权代理的工作。

"喂，真波，来一下。"

森社长一天要用内线电话找她好几次，把版权方的信件交给她处理。玉置慢慢发现，平常话不多的森社长，是位很有教养又很会做生意的老板。

"我不清楚他有多爱书，也可能只是单纯地在做生意。但他对书的嗅觉无人能敌，有汤姆·森才有当时的'塔特尔'。他想将作者、版权方和读者都喜欢的外版书引进到日本，这份信念推动着他前进。工作中他成功过也失败过，唯独这份信念强大而坚定，无法撼动。"

玉置参与的第一个大项目是1995年由"角川ASCII"出版的比尔·盖茨的《未来之路》。那之前，森社长完全没接触过电脑，也似乎并不关心，当时却立刻飞往位于西雅图的微软总公司，进行代理权的交涉。

当时《未来之路》的版权预付金在竞价后超过了一百万美元。森社长对优秀的选题有敏锐的嗅觉，总能第一时间采取行动，他看中的选题就一定要拿到。在那个项目里，玉置虽然只是制作给日本出版社看的策划书和资料，却感觉自己也经历了"版权贸易"中最令人心潮澎湃的时刻。

在前文提及的《商务战记》中，森先生引用了叔父查尔斯·爱格伯特·塔特尔的话来回顾争取《未来之路》代理权时的想法：

"没尝试过就别说不行。"

这是做外文书出版的塔特尔社的创始人、我的叔父查尔斯·爱格伯特·塔特尔的口头禅。我在学生时代做过广告销售的兼职，感触很深。那时总吃闭门羹。一天深夜，我敲开了一家牛排餐厅的大门，老板娘答应和我签约了，那是我当天上门推销的第三十一家店。

"只要不断尝试，就一定会有人对你微笑。"

那以后，这句话成为了我人生的座右铭。

新的桥梁

在玉置进入公司后的第五年，森武志先生罹患癌症医治无效，结束了五十三年短暂的一生。直到现在，每当回忆起二十五六岁时的往事，玉置总仿佛能听到森社长在喊她："喂，真波，来一下。"

如今她已是塔特尔-森非虚构作品部门的部长，她说:"我一直在做自己喜欢的工作。"

刚从美国回到日本念初中时,玉置一时难以适应日本的学校生活,每天与书为伴。她有一个小三岁的妹妹。妹妹与她不同,很喜欢出门玩耍。她想让妹妹也了解阅读的乐趣,为此费了一番功夫。

"我会给妹妹读故事,但只读一半不告诉她结局,然后把书塞到她手里让她自己去读。印象特别深的是《百科全书小布朗》(Encyclopedia Brown)系列,书名译成日文叫《百科事典侦探》吧。我故意不读最后真相大白的部分,妹妹好奇结局就忍不住自己捧起书来读。我特别喜欢看她那个模样。"

我在神保町的办公室里采访了玉置女士几次。有一次,在陈列着许多名著译本的会议室里,她谈道:"这份工作我是因为喜欢而坚持下来的,但也确实迎来了一个转折点。"

她在塔特尔-森工作的二十年,正好也是二十世纪九十年代迎来鼎盛期的出版市场逐渐萎缩的二十年。森社长曾经大展宏图的那种朝气蓬勃的时代氛围已然发生改变。

不过,另一方面,塔特尔-森的业绩在最新一个季度迎来了史上最高,员工人数比玉置刚入职时多了近倍。这背后的原因是，虽然外版书市场不断缩小，但塔特尔-森的事业从联结"东西"拓展为贯通"东西南北"的桥梁。

"欧洲、北欧、东南亚，再加上中国、韩国、俄罗斯，日本与这些国家的版权贸易不断增加。特别是亚洲地区，一年能做成一千种图书生意；在欧美，日本的漫画文化得到广泛传播；北欧则有《姆明》。以往的外版书确实在减少，但每一个版权代理人都在努力开拓新的市场，因此以书为核心的塔特尔的事业也在转变。另外，读者接触图书的方式也是与时俱进的。"

"但有的东西绝不会改变。那就是汤姆·森在这家公司躬行实践的版权代理人的精神。

"在日本说起代理人，或许有不少人认为那只是单纯的中介，可有可无。但是，代理人有着无可取代的作用，做着只有我们才能完成的工作。对于海外的作品，从选题策划阶段就开始了解，判断它们的价值，为不同作者介绍最适合他们的日本出版方——能做这些的，只有我们版权代理人。"

在美国长大的玉置女士，想要发挥自身长处，寻找对社会有所贡献的工作，辗转进入了版权代理的世界。外版书今后的环境仍将改变，版权代理人就更需要思考

"如何将世界的智慧与日本相连"。

"像一个代理人一样思考。在海外工作时,我常听到人们将'你像一个代理人一样思考'作为对他人的赞美之词。版权代理人的工作方式需要与时俱进,但其精神是不变的。该如何将翻译文化发扬光大?正如森社长曾经做过的那样,现在轮到我们来探索这一问题的答案了。"

第八章

童书

孩子的书，大人来写

对我来说，创作童话和绘本时最重要的，是要写出能让自己开心的东西。

"为孩子写""四岁、十岁的孩子适合读什么故事"，我不会考虑这类问题。我相信，只要作者自己写得开心，就能感染小读者。孩子是最诚实的读者，他们觉得有趣，那么大人读也一定觉得有趣。反过来，大人觉得有趣的，小读者可不一定买账。

孩子的书，大人来写。妙趣在此，难点也在此。

大人总想让孩子从书里学习各种知识，感觉像是逼着孩子去读他们认为"有用的书"。孩子读完，大人便迫不及待地问："怎么样？"孩子总能敏感地捕捉大人的目的，要是他因此觉得"读书好麻烦"，或许就不会再读了。

大人总是会在童书上追求某种目的，可小读者才不会勉强自己。我们不妨回忆一下自己的童年，觉得无聊的就是无聊，不会逼自己与无聊的东西为伴，只会把书丢在一边，假装没看见。

面对这样的读者，作者也会郑重其事。"这样就差不多了吧"——哪怕有一丁点糊弄的想法，小读者们都不会接受。正因如此，写作才更有乐趣。

作者要像孩子一样，心潮澎湃地写作。但作者是大人，很难抵达那种状态。所以我认为，从这种意义上说，儿童读物是最难做的。

坚持创作面向孩子的故事

从神奈川县的镰仓站步行十分钟后，在交叉的小巷里有一片幽静的住宅区，角野荣子女士的家便坐落于此。玄关处有许多五颜六色的花儿，它们被主人照料得很好。

我在约定的时间按响门铃，角野女士开门说道"欢迎欢迎，请进"，恶作剧似的嫣然一笑。只看她一眼便让我感叹，这是一位多么优秀的作家啊。美丽齐整的银发，一袭常人难以驾驭的北欧风的红衣，眼镜框上有浅淡的花纹，简直就是她笔下童话故事里的主人公。

从窗户照射进来的阳光，在二楼的房间形成一团暖洋洋的区域。在那里，我采访了角野女士。她像讲故事一般，向我娓娓道出让孩子感兴趣的图书必须是——

每一个微小的词句里，都要有内容。

这就是一位坚持创作故事四十多年的作家坚定不疑的创作理念。

遇见"自己的书"

这次采访是以做书人为主题，当我想到要写一写做童书的人时，脑海中就浮现出角野荣子女士的身影，我和她因杂志采访曾有过数次交流。

我有两个女儿，大的五岁，小的快两岁，她们最爱的就是角野女士的绘本和童话。她们读过《我们一起玩吧》，这是一本小巧的机关绘本；读过《吃沙拉变健康》，长新太先生天马行空的插图为故事里出人意料的情节增光添彩；还读过角野女士的代表作，关于三个小妖怪阿奇、柯奇、索琪的《小妖怪童话系列》。

才开始认识平假名的大女儿，也不知从哪天起，一到睡觉时间就会抱着"阿奇系列"的第一本《好想吃意大利面》一个人读起来。

她还只能慢慢地读，一天最多读两三页。要找到自己前一天读到哪儿了也很花力气。所以，我用彩纸做了个书签送给她。女儿把书签夹在书里，将书放在枕边伴着自己入眠。

有一天，她终于读完最后一页，看着版权页上排列的系列书名，说："接下来我想读《咖喱饭好可怕》。"她眼睛扫到我书架上摆着的《魔女宅急便》，似乎在想"哪天要自己读一读这本"。

作为父亲，看着她那模样，内心很受触动：孩子就是这样遇见"自己的书"的啊。女儿将自己读完的书收回小小的书架，小脸上露出自豪的神情。孩子就是喜欢纸书这种有实体的东西吧。

所以，这本以"做书人"为主题的拙作，我想把"为孩子创作的人"放在最后一章。孩子最初摸到书的瞬间，是摸到一个"实物"，与这一瞬间息息相关的作家在这个"实物"里倾注了怎样的感情呢？我想要一探究竟。

"对孩子来说，独自阅读是一件远比我们大人想象的更光荣的事。"角野女士像在说一件理所当然的事，"把一本书从头到尾读完是需要毅力的。即便再有趣的故事，不耐着性子读完开头的一两页，就体会不到它的趣味。书这个东西，一旦觉得有意思，就会立刻爱上它。更重要的是，接下去可以自己为自己挑选想读的书。

"挑选自己喜欢的书，是一个人在独立思考，独自行动，这是人最基本的存在方式。正因如此，能够拥有自己喜欢的书，对孩子来说是非常开心的事。"

角野女士有一个女儿，据说，在她的育儿期告一段落之后，发生了这样一件事。

角野女士在整理书架时发现，给女儿买的书，每一本的版权页的空白处，都有一行歪歪扭扭的铅笔字。从老书到新书一本本看过去，字的内容也发生着变化。最初那些线条只是单纯的涂鸦，可渐渐地随着女儿的成长，她学会写字后，涂鸦慢慢成形，最后竟出现了"我的东西"四个字。角野女士才恍然大悟，啊，原来那行神秘的字迹是这个意思啊。

角野女士说："我们小时候，书不是只属于自己的。要么是兄弟姐妹的，要么是朋友的，或是学校里的。从别人那里借来读，自己的也借给别人读。所以，战争结束后没多久，当我第一次拥有'自己的书'时，可太开心了。女儿的字迹让我重温了那时的心情。"

"读书"与"听书"

初二时,角野第一次拥有了"自己的书"。

"荣子,最近出了一本很适合你的书。卖得特别好,我给你买来了。"难得来家里做客的叔父,递给她一本竹山道雄的《缅甸的竖琴》。

那本书的气味,伴随着感动铭刻在她心里。现在聊起这本书,角野女士立刻回忆起小时候在自家走廊大声朗读的画面。

"小时候书很贵重,我很喜欢读印刷在纸上的字,识字以后,不管是岩波文库还是别的书,即便看不懂意思也会借着注音假名读下来。但是现在的孩子,信息早就把他们的肚皮撑得鼓鼓的了,对吧?要让吃饱的孩子觉得故事美味,太难了。有的孩子习惯了大人读绘本给他们听,当他们第一次试着自己阅读时,故事如果很无聊,那他们或许从此就讨厌书了。作家的责任重大啊。"

人们常说小孩子没有阅读的习惯,可日本从古至今都很流行大人读书给孩子听。

角野女士做演讲时,到场的很多母亲会说:"我们家孩子最喜欢书了,每天晚上都缠着我给他读好几本呢。"

然而,"那样的'读书'只是'听书'而已。读给孩子听当然不是坏事，对家长和孩子来说都是特别重要的事。但光是这样很难让孩子学会独立阅读。必须有人来当这座桥梁。所以，想让孩子阅读，大人自己必须喜欢读书，言传身教，让孩子忍不住问：'妈妈，你在读什么呀？'这比什么都重要。"

角野女士一直相信，从"听书"到"读书"，再到拥有"自己的书"后感知喜悦——在这与书相遇的过程中，幼儿童话的存在无比重要。

"对我而言，幼儿童话如宝石一般珍贵，我就是这样一路写过来的。"

那么，角野女士是如何创作故事的，故事里又包含了她怎样的心境呢？

不因一己之便改变主人公的人物性格

角野女士的代表作之一《小妖怪童话系列》，自1979年第一册出版以来，一直是童话书中的经典畅销佳作。

故事的主人公是三个魅力无穷的小妖怪阿奇、柯奇和索琪，他们分别住在餐厅屋顶的阁楼里、理发店的镜子里和糖果店的楼梯上。据说这个构想诞生自角野女士年幼的女儿喜欢反复念叨的一段话：

"在那里，在这里，在那里，在跨过道口的地方，有青蛙的家。青蛙回到白色的家，变成了白青蛙。"

曾是设计师的角野的丈夫把一本用旧的色谱给了女儿，女儿似乎惊讶于"原来世界上有这么多颜色啊"，于是反复念诵那段话，只把颜色换了一下。

"在那里，在这里，在那里，在跨过道口的地方，有青蛙的家。青蛙回到蓝色的家，变成了蓝青蛙……"

"女儿不停地念叨这段话，我都被她念烦了。不过，'那里、这里、那里'后来就变成了我故事里的小妖怪'阿奇、柯奇、索琪'的名字。[1]"

角野女士构思故事时，习惯最先敲定主人公。

假设以一个仙人掌男孩为主人公，那么，她在创作这个仙人掌男孩的故事时，首先会一边在白纸上画画，一边沉浸在遐想里。画一画仙人掌男孩的睫毛，再画一画他居住的红土沙漠的荒野……于是，渐渐地，一个世界成形了，是主人公启动了这个世界。

"这孩子孤独吗？他有朋友吗？我从这些地方开始

---

[1] 日语中表示位置远近的三个词"あっち、こっち、そっち"发音类似中文的"阿奇、柯奇、索琪"。

构思，就像我陪在他身边一样，一路写下去。"

如果真的爱着那个在遐想中有了生命的主人公，就绝不要为了自己方便去改变他的性格。

"主人公是一个爱恶作剧的淘气男孩。"一旦这样设定，不管后面故事如何难以推进，都不能因作者的意图让男孩突然做出友好亲切的举动。因为"那种方便主义立刻会被小读者识破"。

"我会尊重最初设定好的主人公的性格写下去。故事会如何发展，写故事的人也无法预知，这样读者就猜不到情节了。孩子特别敏感，也很率真，他们会抱着'接下来会发生什么呢？'的忐忑心情把故事读下去。写故事的我也是如此：'接下来会发生什么呢？'我们得以共享这段时光，这正是有意思的地方。"

在被问到自己的创作理念，回顾作为作家的原点时，角野女士说了一句意味深长的话："我总会在脑海里想象，海对岸的那条水平线。"

水平线——这究竟是什么意思呢？

下一页会有什么

创作故事时，角野女士脑海中有一片念念不忘的风景。

那是1960年，记忆中，她站在绕过好望角驶向巴西的渡轮的甲板上，吹着潮湿的海风。

两年前从早稻田大学英语系毕业的角野女士，进入"纪伊国屋书店"的出版部工作，结婚之后不久又与作为设计师的丈夫一起动身前往巴西。当时巴西开始建设新都市"巴西利亚"，设计联合国本部大楼的建筑师奥斯卡·尼迈耶负责其中多数建筑工程。她的丈夫十分关注这个重大项目。

那个时代，从日本去海外的自由行受到限制。但战后人口增加，日本政府出台了鼓励移民巴西的政策。他们夫妻二人对外面的世界有着强烈的好奇心，于是决定响应政府号召，作为技术移民远渡巴西。

当时只有二十五岁的角野做此决定时内心也十分忐忑吧。我这样问她，她却笑着说："其实决定去的时候，心情特别轻松。说是移民，我们当时计划的是在当地工作存到钱后就去环游世界，最后再返回日本。如果暂时存不到钱，就一直留在巴西直到有储蓄为止。再加上那时不能自由地坐船去海外，政府推行的移民政策是最便捷的出国手段。"

那个时候，小田实利用富布赖特奖学金[1]远渡美国，后来将此经历写成游记《百闻不如一见》；指挥家小泽征尔带着摩托和吉他，乘坐货轮只身前往欧洲。可见，在二十世纪六十年代，二十五岁的角野也是一个新潮的年轻人。

就像《魔女宅急便》（福音馆书店）的主人公琪琪离开故乡踏上旅途前说的话："哦，是吗？我可一点也不担心呢。等真遇到什么时再担心也不迟吧。我只是很激动，就像要拆开某件神秘的礼物一样。"

"在那艘船上，我最喜欢做的就是眺望水平线，"角野女士继续说道，"看着远处那条笔直的线，会叫人忍不住遐想对岸有什么。我心情很兴奋，要在一个新的地方开始全新的生活了，整个人仿佛被吸入那条线里。"

书页也很像水平线呢——角野女士继续打哑谜。她提起长新太的绘本《月夜》（教育画剧）。

《月夜》是一部匪夷所思的神秘作品。漆黑的月夜，森林深处，有一片寂静的湖泊。湖畔有一只小狸猫，在凝望黑黢黢的湖面上倒映的月亮。泛着黄光的月牙，在

---

[1] Fulbright Scholarship，美国政府设立的教育资助金，是一项美国和约一百五十个国家之间的学术交流计划。

水面玩耍，一会儿变成小桥，一会儿长出寄居蟹，一会儿又像宝石一般从湖面露出牙尖儿。

《月夜》几乎每一页的构图都很大胆，自由奔放，读的时候完全想不到下一页会出现什么。长新太先生用隐匿于暗夜的深蓝来表达他神秘莫测的世界观。

"长先生曾说：'我想画孩子会画的那种画。我从未停止作画，就是为了画出孩子一般的画。'的确，长大成人后，身边的一切逐渐变为常识，就算长先生也一样。但是，某天因某个契机，他渴望如孩子一般作画。读了《月夜》后，我感受到他为此不断努力，释放自我。所以长先生的作品一直让我心潮澎湃，你永远不知道从水平线的那一端会飞过来什么。他的作品，跨页构图的居多，画面一般分为上下两个大的色块，好似交界处有一条水平线，分开目之所及与尚未可见的世界。"

角野女士还提到 H. A. 雷和玛格丽特·雷夫妇的名作《好奇小猴乔治》，她说："童话的必要条件在第一行就已写完。"

她背诵起那个故事开头的段落：

  这是小猴乔治，
   住在动物园里。

乔治是可爱的小猴,是好奇的小猴。

他好想知道,动物园外面是什么样。

(日文版,光吉夏弥译)

"短短几行,包含了故事的全部要素。并且,读完这几句你会不由自主地想象下一页有什么,忍不住翻开下一页。它的日文版出版的时候,我刚上大学。当时除了《好奇小猴乔治》,岩波书店还出版了《小黑人桑波的故事》《老火车头弥右卫门》等书,这些书可以说是现代日本童书的先驱。记得拿到书时,我特别感动。那时还在打仗,一纸难求,想到别的国家已经为孩子出版了如此优秀的童书,我的心情十分复杂……"

从幻想到阅读

朝着"水平线"的彼方,让思绪自由驰骋,是角野女士从小到大的习惯。

1935年,角野在东京出生,母亲在她幼年时因病离世。因这样的家庭环境,她度过了寂寞的童年。"小时候我性格很阴郁,总是哭鼻子,"她回忆自身的成长经历时说道,"我不肯去幼儿园,哭个不停。爸爸把我送到半路，又把我带回了家。"

在东京小岩的家中，有一条昏暗的内庭走廊，那时候她经常背靠着走廊墙壁，独自哭泣。一天要哭太多次，忙碌的父亲也逐渐没工夫再来哄她。她哭得更凶了，哭声传到外面，引来邻居抱怨："吵死了，荣子的汽笛又开始响了。"

她让自己停止哭泣的唯一办法，就是沉浸到幻想的世界中去。

"我总是想象离家出走的情形。我生活的家里没有妈妈，我想离开家去往另一个地方。于是，我爱上了幻想。"

在幻想的世界里，她飞奔出家门，在路上走啊走啊，遇到各种突发状况。最后总是会出现一位和蔼可亲的叔叔或阿姨，他们会对小荣子说"你是个好孩子"，送给她长崎蛋糕和二十四色蜡笔。想象到这一场景时，悲伤的心情不知不觉就平复了。

眼前构思仙人掌男孩的故事的角野女士，与沉溺于幻想的那个小女孩如出一辙。

不过，上小学一年级后，她就不再总是想象离家出走了。学会读写平假名后，阅读代替了幻想。那个时候，角野的父亲再婚，家里多了兄弟姐妹。起居室隔壁的房间有一个带玻璃门的书柜，摆放着父亲至今为止搜罗的岩波文库本。

"识字后，我就从那个书柜里挑选看起来我也能读的书。最初是《格林童话》。啊，对了，有一本书写着片假名，我还以为自己能读就拿了起来，结果那是森鸥外的 Vita Sexualis[1]。我记得很清楚，爸爸将那本书从我手里收走，说'不要读这本，换一本吧'，然后递给我托尔斯泰的《童年》。那便是我阅读的起步。"

和《魔女宅急便》一样的心情

角野女士开始写作，是从巴西返回日本不久之后。在巴西的第一年，她与一个让她至今无法忘怀的少年相遇了。

那次去往巴西的航行历时两个月，每一天都是在甲板上眺望"水平线"度过的，最后，她和丈夫终于抵达了深夜的桑托斯港。

同程的日本人大部分是农业移民，从接收地的农园

---

[1] 日文原书名为拉丁语转化的片假名"ヰタ・セクスアリス"，意为"性生活"，是森鸥外于1909年发表在杂志《昴》上的小说。

来接他们的人已经等在了港口。而作为技术移民的角野夫妇二人被孤零零地留在了那里。正一筹莫展时,有好心人说可以开车顺路载他们到圣保罗。总之他们先找到一间下榻的旅店,之后又在稍微远离城市中心的贫民街上找到了一所公寓楼,在那儿租借了一间房。

"那是一个一居室,带厨房和一个只有淋浴的浴室,房间里摆下床和一张小桌子后就几乎没地方了。从窗户往公寓楼下的街道看去,有咖啡厅、肉店、洗衣店和蔬菜店。"

丈夫买来好几本美国出版社发行的杂志,在登载的招工广告里,找到了一份家具公司的工作。角野女士却心神不宁起来。

"启程的时候,我心潮澎湃,可一旦真正开始生活,第一个问题就是语言不通。连一棵蔬菜都不知道怎么去买。那时我内心的不安反映在了后来《魔女宅急便》的故事里。为了独立而踏上旅途的琪琪,飞落到柯里柯镇时的心情,就是回忆当时我自己的心情写下的。"

因不适应新生活而意志消沉的角野,某天坐公寓楼的电梯时,遇到了一个名叫路易金尼奥的少年。对不通当地语言、连东西都不会买的角野来说,少年路易金尼奥是她的葡萄牙语小老师。

尼奥是隔壁一个意大利家庭的独子，他妈妈是一位无名的桑巴歌手。他们家里整天播放着音乐，尼奥是一个"边跳舞边走路的孩子"。

"不管我去哪儿，尼奥都跟在我身边。热闹的露天市场里，摆放着没有价牌的各类食材。我问尼奥：'这是什么？'尼奥就欢快地跳着舞教我单词。后来，我和他母亲也有了交往，我在巴西的生活才算真正运转起来。不过，尼奥妈妈有个小小的坏习惯，没钱的时候喜欢来我们家借砂糖和香烟。哈哈。"

认识了一些朋友后，有一天，角野推开公寓的窗户，眺望眼前的街道。舒爽的风从窗户吹进来，街上的喧闹声也带上了温柔的回响。吹着风、看着窗外，她心中晴空万里。那些不安哗啦哗啦地消融在了风里。

"那时想的就是要在这个国家生活下去。十几年过去了，那时的心情和所见，我如实地写在了《魔女宅急便》中。"

角野女士和在圣保罗的家具公司工作的丈夫，在巴西生活了将近两年。她在一家广播电台找了一份拉赞助的工作，那是家面向当地日本移民的短波电台。后来，他们开着一辆二手雷诺小车，在欧洲环游了九千公里。把雷诺出手后，他们用那笔钱去加拿大、纽约走了一趟，最后才回到日本。

角野女士写第一本书，是在回国后又过了几年的1970年。女儿出生后，工作繁忙的丈夫几乎不在家的那段时间，角野女士在大学恩师的推荐下开始写作，写的就是自己在巴西的经历。"真正动笔之后，我才发现原来自己热爱写作。"

角野女士三十五岁时出版了第一部非虚构作品，也是她的出道作《少年路易金尼奥：寻访巴西》（白杨社）。没错，就是那个教她葡萄牙语的圣保罗小友的故事。

写故事，就是魔法

不过，在那之后经过了漫长的七年时间，角野女士才出版了《躲进大楼的狐狸》（白杨社），作为儿童文学作家正式开始写作。

那七年间，她从未给任何人看自己写的东西，只是竭尽全力地创作故事，过程艰难，却从未停止过抗争。后来，她掌握了一个有些与众不同的创作方式。她想起小学、中学美术课上的愉快时光，就买来画板，置于膝头，一边画画一边构思，有时还会把画板的挂绳套在脖子上，边走边画。

"边画画边构思,直到模糊不清的东西动起来,这是我酝酿故事的方法。而且我发现,只有自己开心了,才能创作童话。最开始我总是刻意'面对读者写作',以致写的东西总是一副高高在上的姿态。孩子是能敏锐捕捉到这些的,如果让他们觉得'这个作者就是在把自己的想法强加于人',他们就不能自由地阅读了。首先,作者本人必须从写作上感受喜悦,这是最最基本的。"

等待"故事"特有的"如海潮般的东西"涌入自己的身体,那七年时间的蛰伏或许是必要的,角野女士说道。

继《躲进大楼的狐狸》后,角野女士创造了《小妖怪童话系列》等诸多畅销佳作,1985年她写作了长篇童话《魔女宅急便》的第一卷。

有一天,十二岁的女儿画的一幅画,吸引了角野的目光。画里有一个骑着扫帚的魔女,扫帚柄上挂着一台小小的收音机,音符从魔女的扫帚上跳跃而出。她想起,女儿不论学习还是阅读都喜欢听着收音机,便有了一个念头:"不如就写一个一心二用的现代魔女的故事吧。"

直到《魔女宅急便》第六卷完结,前前后后花了大约二十四年。

《魔女宅急便》后来被吉卜力工作室改编为同名动画电影,如今是家喻户晓的国民童话。主人公魔女琪琪,只会在天空中飞翔这一种魔法。为何把琪琪设定为这样的魔女呢？角野女士道出缘由：

"人们展开丰富的想象，寻找自己的心爱之物，持之以恒坚持不懈。重视你喜欢的那个唯一，让它在人生中发挥效用。我觉得，这样的世界珍贵无比。我自己也是如此，笨拙地坚持写着故事。我相信，锲而不舍积累下来的东西，总有一天会变成那个人的魔法。"

四十多年的作家生涯中，角野女士正是如此坚持写作，那也是她掌握的唯一一个魔法。我的心绪也再度被牵引回她说的那条"水平线"。

"水平线，就是消失点（vanishing point）。不论从渡船上还是高山上极目远眺，你一定会看到它。这和书很相似。不管在哪儿，只要有书籍，只要翻开书页，我们就能进入不同于'此时、此地'的场域，尽情享受属于自己的快乐。"

写故事，就是魔法。而书页就是将魔法隐藏于对岸的水平线。

后　记

此书是以我在筑摩书房的宣传杂志《筑摩》上连载的内容为基础，辑录成册的。在大约两年的连载过程中，我几乎每月一次去拜访与"做书"息息相关的人，聆听他们对工作的态度和思考。

如今，回顾那两年的时光，我真切感受到他们在不经意间诉说的话语，已经深深地镌刻于我的内心。

大日本印刷公司的伊藤正树先生将字体喻为"声音"；溪山丈介先生诉说他想要传承活版印刷的愿景；矢彦孝彦先生言辞间透露出的身为校阅者的骄傲；三菱制纸公司的开发人员对书籍用纸的追求——这些都给我留下了深刻的印象。

书籍设计师日下润一先生说"书一定要做得美"，塔特尔-森的玉置真波女士让我见识到外版书世界的深奥，而从作家角野荣子女士那里，我学习到了"读故事、写故事"的本质。

对工作精益求精的专业态度，是他们的共通之处。其中有些行业或许正在消逝，但他们也在不断开拓新的疆域，是他们让我窥见了一个丰饶的"造物世界"。

我作为作者，和他们一样，也是做书的人，回想起他们真挚的话语，我感到自己也必须履行自身的职责，不能懈怠。一本书的背后，承载着如此多人的心血与热情。我也必须怀抱比以往更高的热忱，全心投入到工作中去。

我喜欢"书"这种有形之物。

手捧一本小说或非虚构作品，沉浸在书中如痴如醉地阅读。时间流逝，轻轻放下书本呼气的那一瞬间，我感受到幸福。在与"书"的接触中，我体味到人生有所依托。

这份阅读的喜悦，诞生于做书人的辛劳工作。现在，当我清楚地认识到这件事后，对"书"的怜爱之情也更加强烈了。

仰仗多方人士本书才得以出版。首先我要对协助采访的各位表达由衷的感激。

此外，在《筑摩》连载时，松岳社的青木英一先生于 2015 年 4 月与世长辞。青木先生在德国学习装订技术，获得"装订技师"资格，与他的相遇对本书有着巨大帮助。据说，青木先生将刊登采访的那一期《筑摩》珍爱地置于书案上。我想对有"装订大师"之称、受人爱戴的青木先生，致以诚挚的敬意。

最后，要感谢为本书做设计装帧的名久井直子女士、插画师 Noritake 先生，以及我的责编、筑摩书房的桥本阳介先生。

稻泉连

2017 年 1 月

图书在版编目（CIP）数据

做书这件事 /（日）稻泉连著；廖婧译 . -- 北京：
北京联合出版公司，2023.5
　ISBN 978-7-5596-6710-6

　Ⅰ.①做… Ⅱ.①稻… ②廖… Ⅲ.①图书出版
Ⅳ.① G23

中国国家版本馆 CIP 数据核字 (2023) 第 035071 号

北京市版权局著作权合同登记号 图字：01-2023-1053 号

做书这件事

作　 者：[日] 稻泉连
译　 者：廖　婧
出 品 人：赵红仕
策划机构：明　室
策 划 人：陈希颖
责任编辑：牛炜征
特约编辑：陈希颖　刘麦琪
装帧设计：山川制本 workshop

北京联合出版公司出版
(北京市西城区德外大街 83 号楼 9 层　100088)
北京联合天畅文化传播公司发行
北京市十月印刷有限公司印刷　新华书店经销
字数 120 千字　787 毫米 ×1092 毫米　1/32　7.5 印张
2023 年 5 月第 1 版　2023 年 5 月第 1 次印刷
ISBN 978-7-5596-6710-6
定价：58.00 元

版权所有，侵权必究
未经许可，不得以任何方式复制或抄袭本书部分或全部内容
本书若有质量问题，请与本公司图书销售中心联系调换。
电话：(010) 64258472-800

"HON WO TSUKURU" TOIU SHIGOTO
BY REN INAIZUMI
Copyright © 2017 REN INAIZUMI
Original Japanese edition published by Chikumashobo Ltd.
All rights reserved.
Chinese (in Simplified character only) translation copyright © 2023 by
Beijing Yutu Culture & Media Co., Ltd
Chinese (in Simplified character only) translation rights arranged
with Chikumashobo Ltd.
through Bardon-Chinese Media Agency, Taipei.